KB203299

지리산권 불서

지리산권 불서

국립순천대 · 국립경상대
인문한국(HK) 지리산권문화연구단 엮음

도서출판 선인

| 발간사 |

　국립순천대학교 지리산권문화연구원과 국립경상대학교 경남문화연구원은 2007년에 컨소시엄을 구성하고 '지리산권 문화 연구'라는 아젠다로 한국연구재단의 인문한국(HK) 지원 사업에 신청하여 선정되었습니다.

　인문한국 지리산권문화연구단은 지리산과 인접하고 있는 10개 시군을 대상으로 문학, 역사, 철학, 생태 등 다양한 방면의 연구를 목표로 하였습니다. 이에 따라 연구단을 이상사회 연구팀, 지식인상 연구팀, 생태와 지리 연구팀, 문화콘텐츠 개발팀으로 구성하였습니다. 이상사회팀은 지리산권의 문학과 이상향·문화사와 이상사회론·사상과 이상사회의 세부과제를 설정하였고, 지식인상 연구팀은 지리산권의 지식인의 사상·문학·실천에 관한 연구를 진행하였습니다. 그리고 생태와 지리 연구팀은 지리산권의 자연생태·인문지리·동아시아 명산문화에 관해 연구하고, 문화콘텐츠 개발팀은 세 팀의 연구 성과를 DB로 구축하여 지리산권의 문화정보와 휴양정보망을 구축하였습니다.

　본 연구단은 2007년부터 아젠다를 수행하기 위해 매년 4차례 이상의 학술대회를 개최하고, 학술세미나·초청강연·콜로키움 등 다양한 학술활동을 통해 '지리산인문학'이라는 새로운 학문영역을 개척하였습니다. 또한 중국·일본·베트남과 학술교류협정을 맺고 '동아시아산악문화연구회'를 창립하여 매년 국제학술대회를 개최하였습니다. 그 과정에서 자료총서 32권, 연구총서 10권, 번역총서 8권, 교양총서 7권, 마을총서 1권 등 총 50여 권의 지리산인문학 서적을 발간한 바 있습니다.

이제 지난 8년간의 연구성과를 집대성하고 새로운 연구방향을 개척하기 위해 지리산인문학대전으로서 기초자료 10권, 토대연구 10권, 심화연구 10권을 출판하기로 하였습니다. 기초자료는 기존에 발간한 자료총서 가운데 연구가치가 높은 것과 새롭게 보충되어야 할 분야를 엄선하여 구성하였고, 토대연구는 지리산권의 이상향·유학사상·불교문화·인물·신앙과 풍수·저항운동·문학·장소정체성·생태적 가치·세계유산적 가치 등 10개 분야로 나누고 관련 분야의 우수한 논문들을 수록하기로 하였습니다. 그리고 심화연구는 지리산인문학을 정립할 수 있는 연구와 지리산인문학사전 등을 담아내기로 하였습니다.

지금까지 연구단은 지리산인문학의 정립과 우리나라 명산문화의 세계화를 위해 혼신의 힘을 다해 왔습니다. 하지만 심화 연구와 연구 성과의 확산에 있어서 아쉬운 점도 없지 않았습니다. 이번 지리산인문학대전의 발간을 통해 그 아쉬움을 만회하고자 합니다. 우리 연구원 선생님의 노고가 담긴 이 책을 통해 독자 여러분들이 지리산인문학에 젖어드는 계기가 되리라 기대합니다.

끝으로 이 책이 출간되기까지 수고해주신 본 연구단 일반연구원 선생님들, HK연구원 선생님들, 그리고 외부에서 참여해주신 필자선생님들께 깊이 감사드립니다. 또한 이 자리를 빌려 이러한 방대한 연구활동이 가능하도록 재정적 지원을 해주신 조무제 한국재단이사장님, 박진성 순천대 총장님과 이상경 경상대 총장님께도 고맙다는 말씀을 드립니다.

2016년 10월
국립순천대·국립경상대 인문한국(HK) 지리산권문화연구단
단장 남호현, 부단장 장원철

　본서는 지리산인문학대전 기초자료 10권 중의 한 권으로 기획되었습니다. 그런데 전근대 시기 지리산 소재 사찰에서 간행한 불서와 관련하여 자료집(『지리산권 불교자료 1 - 간기편』, 2009)이 이미 출간되었고, 또 중앙대에서 박사논문(「지리산 소재 사찰의 조선시대 간행 불서 연구」, 2009)이 발표된 바 있기 때문에 본서를 구성하는데 첫 번째 고민은 어떤 차별성을 두고 편집할 것인가 하는 점이었습니다. 그런 고민 끝에 본서에서는 서지사항 중에서도 간행질 부분만큼은 원문의 이미지를 첨부하여 독자가 직접 판독할 수 있도록 하였습니다. 그래서 한편으로는 기존의 자료집과 박사논문을 참고하여 서지사항을 구성하고, 다른 한편으로 원문이미지를 찾아다녔습니다. 다행히 많은 고서들은 편집자가 몇 해 전에 이미 조사한 바 있었기 때문에 그 소재처에 가서 이미지를 확보하는데 큰 어려움이 없었습니다. 하지만 일부분은 문헌을 확인하지 못하거나 그 원문이미지를 구하지 못하였으므로 기존의 조사 내용을 참고하여 서지사항만을 수록하였습니다.

　고려시대 문헌은 이미 출간된 자료집의 것을 그대로 수록하였고, 조선시대의 경우는 자료집과 박사논문의 목록을 참고하여 재구성하였습니다. 그 과정에서 기존의 목록에서 빼거나 더한 것들이 있습니다. 이는 지리산 권역에 대한 범위 설정의 차이나 합철된 책을 표시하는 방식의 차이에서 발생한 것들입니다. 그리고 지리산에서 간행한 책들만을 수록하다보니 같은 종류의 책이라고 하더라도 권차에 따라 지리산 이외의 곳에서 판각한 경우는 싣지 않았습니다.

이렇게 해서 본서에 나타낸 지리산권 불서는 신라·고려시대 불서로 8종, 조선시대 불서로 110종 304권 162책, 그리고 불서로 분류하기 애매하거나 간행 연도가 확인되지 않는 기타 불서로 7종을 수록하였습니다. 조선시대 이후 총 25개 寺庵에서 불서 간행을 확인할 수 있었습니다. 이 외에도 더 많은 불서들이 간행되거나 필사되었을 것으로 생각됩니다. 하지만 지금까지 확인된 것만을 실었으므로 이후 새롭게 발견되는 불서는 별도의 연구가 있으리라 기대합니다.

아울러 본서를 비롯하여 지금까지 연구된 지리산 불서를 통해 새로운 연구도 이루어질 수 있을 것이라 생각합니다. 가령, 본서의 서지사항에서 밝히지는 않았지만 1690년대 이후 지리산 불서의 특징은 중국 가흥대장경의 복각본이 많다는 점입니다. 가흥대장경의 복각본에 대해서는 이미 연구 성과가 발표된 바 있습니다만, 지리산 지역에서 집중적으로 나타나고 있는 현상에 대해서는 본서를 통해 뚜렷이 확인되는 만큼 별도의 연구가 진행될 수 있을 것 같습니다. 또한 간행질에 보이는 시주자와 판각자 등의 인명을 통해 시대별로 불서간행에 참여했던 인물들에 대한 연구도 깊어질 수 있으리라 생각합니다. 이처럼 이 자료집을 통해 지리산 불교 연구에 한 걸음 더 나아갈 수 있다면 이 책을 만든 보람이 배가 될 것입니다.

마지막으로 문헌정보와 원문 이미지를 제공해준 여러 사찰과 기관에게 감사의 뜻을 표하는 바입니다.

2016년 10월
이종수

○ 본서에서 의미하는 지리산권 사찰의 영역은 오늘날의 지리산국립공
  원 범위 안에 있는 사찰을 의미한다.
○ 본서는 『지리산권 불교자료 1 - 간기편』(지리산구권문화연구단 자
  료총서 07, 2009년)과 「지리산 소재 사찰의 조선시대 간행 불서 연
  구」(박민희, 중앙대 박사논문, 2009)를 참고하되 부분적으로 보완하
  였다.
○ 본서는 근대 이전의 불서를 그 대상으로 하였으며, 〈신라·고려시
  대〉〈조선시대〉〈기타〉로 나누어 구성하였다. 다만 『浮休堂大師集』
  의 경우 1920년에 간행되었지만 1619년 간행본을 복각한 것으로 보
  이기 때문에 조선시대편에 수록하였다.
○ 본서에 수록한 불서의 서지사항은 국립중앙도서관·규장각한국학연
  구원·장서각·동국대도서관·중앙승가대도서관 홈페이지 등에서
  참고하고, 여러 사찰의 협조를 구하여 조사한 내용을 기록한 것이다.
○ 〈신라·고려시대〉 불서 목록은 『지리산권 불교자료 1 - 간기편』(지
  리산구권문화연구단 자료총서 07, 2009년)을 그대로 인용하였다.
○ 〈조선시대〉 불서 목록은 간행 시기와 간행지가 분명한 목판본 불서
  들만을 수록하였고, 그 외에 간행 연도를 알 수 없거나 불교와 연관
  되는 문헌들은 〈기타〉에 수록하였다. 단 다라니 등은 제외하였다.
○ 본서에서는 불서의 성격에 따라 경장, 논서, 계율, 경소, 전기, 선서,
  의례, 신앙, 입문, 문집, 사적 등으로 분류하였다.

◦ 종류가 다른 불서를 같은 시기 같은 장소에서 간행하여 합철한 경우에는 合刊이라고 표기하였다.

◦ 같은 종류의 책이라고 하더라도 권차에 따라 간행지가 다른 경우에는 지리산 간행 불서들만을 수록하였다. 가령『화엄경소초』(1690)의 경우 숲 80권이지만 이 가운데 19권 8책만이 지리산 소재 사찰에서 간행되었으므로 나머지 61권의 서지사항에 대해서는 표기하지 않았다.

◦ 판독이 어렵거나 모르는 글자는 ■로 표시하였다. 단 간행질 부분의 사진을 함께 수록하여 직접 확인할 수 있도록 하였다.

목차

제3부 기타 · 287

제1부

신라 · 고려시대 불서

신라 · 고려시대 불서

—

1. 大方廣佛華嚴經

분류	經藏
연대	755年(景德王 14)
서지사항	筆寫本, 卷子本, 29cm×1390.6cm
간기	天寶十三載甲午八月一日初 乙未載二月十四日 一部周了成內之 成內願旨者 皇龍寺緣起法師爲內賜 第一恩賜父願內 弥第二法界一切衆生皆成佛道 紙作人仇叱珎兮縣黃珎知奈麻經筆師式珎伊州阿千奈麻異純韓舍 今毛大舍 義七大舍 孝赤沙弥南原京文莫沙弥卽曉大舍 古沙夫里郡陽純奈麻 仁年大舍 屎烏大舍 仁節大舍 經心匠大京 能吉奈麻与古奈麻 佛菩薩像筆師同京義本韓奈麻 丁得奈麻夫得舍知 豆烏舍知 經題筆師同京 同智大舍 六頭品 父吉得阿湌
소재	호암미술관

2. 大方廣佛華嚴經 卷第三十三

분류	經藏
연대	1098年(肅宗 3) 추정
간기	智異山拯倫寺住持比丘暢春祝聖壽之願捨財開版晉譯花嚴經第一卷
소재	미상

3. 佛頂心觀世音菩薩大陀羅尼經

분류	經藏
연대	1205年(熙宗 元年)~1219年(高宗 6)
간기	特爲晋康侯崔■■■■兼■■南 大內侍將軍瑀殿中內給事珦 尤難頓消福壽無疆之願
소재	李元基 소장

4. 禪門拈頌集

분류	禪書_한국찬술
연대	1226年(高宗 13)
서문	貞祐十四年丙戌(1226)仲冬海東曹溪山 修禪社無衣子序
서지사항	慧諶(高麗) 編 木板本, 30卷10冊 四周單邊, 半郭 17.5×12.5cm, 無界, 半葉 12行21字, 註雙行, 上下內向上 黑魚尾; 26.0cm×17.9cm
간기	卷10末: 憑玆彫刊法寶流通功德奉祝…斷俗寺住持禪師萬宗記
소재	장서각, 동국대, 단국대

5. 大字 『金剛經』

분류	經藏
연대	1237年(高宗 24)
서지사항	鳩摩羅什(姚秦) 譯 木板本, 1冊(31張) 上下單邊, 10行11字; 36.4cm×31cm
간기	守大傳門下侍中上柱國上將軍判御史臺事晉陽候崔瑀 特發弘願以大字 金剛般若經彫板流通所冀隣兵不起 國祚中興延及法界有情俱霑勝利 破諸有相共識眞空 時丁酉十二月 日謹誌
소재	장서각, 해인사

6. 南明泉和尙頌證道歌

분류	禪書_중국찬술
연대	1239年(高宗 26)
서문	時熙寧十年丁巳(1077)七月括蒼吳庸天用 熙寧九年(1076)七月括蒼祝況
서지사항	法泉(宋) 頌, 宏德(元) 註 木板本, 四周單邊, 半郭 18.1×12.2cm, 無界, 8行15字, 間混黑口, 混入內 向黑魚尾; 23.0cm×15.1cm
간기	夫南明證道歌者實禪門之樞要也故後學 參禪之流莫不由斯而入昇堂覩奧矣然則 其可閉塞而不傳通乎於是募工重彫鑄 字本以壽其傳焉時己亥九月上旬中書令 晉陽公崔怡謹誌
소재	국립중앙도서관

7. 妙法蓮華經

분류	經藏
연대	1345年(忠穆王 1)
서지사항	筆寫本(寫經), 折本, 白紙墨書, 變相, 白紙金泥, 38.9cm×14.2cm
간기	大元至正五年乙酉九月日 無住庵沙門天雲誌
소재	鏡神寺(日本)

8. 金剛般若波羅蜜經

분류	經藏
연대	1363年(恭愍王 12)
서지사항	鳩摩羅什(姚秦) 奉詔譯 木板本, 1帖(38張) 圖, 上下單邊, 半郭 21.3×11cm, 半葉2段7行2字, 27cm×11cm
간기	至正二十三年癸卯八月 日南源開板 書員 信之 畵員 法戒 刻字 信明 法空 功德主 曹松桂 勸善 覺敏 同願 李中順 定如 奉常大夫知南原府使薛師德… 判官兼勸農使 金英起
소재	고려대, 성암문고

제2부
조선시대 불서

조선시대 불서

1. 高峯和尙禪要

분류		禪書_중국찬술
제목사항	권수제	高峯和尙禪要
	판심제	要
발행사항		德奇寺, 1399年(定宗 1)
찬술사항		高峰(元) 語; 持正(元) 錄; 洪喬祖(元) 編
판형사항		木板本, 1卷1冊 上下單邊, 左右雙邊, 半郭 17.7×12.3cm, 10行18字, 白口, 上內向黑魚尾; 22.3×15.3cm
기록사항	서문	至元甲午(1294)重九日天目參學直翁洪喬祖謹書
	발문	至元甲午(1294)十月哉生魄參學淸苕淨明朱潁遠謹跋
	간기	智異山德奇寺開板建文元年己卯(1399)八月日重刊
	간행질	幹善道人 志峯 施主 芥因 惠淳 信Ⅲ 海明 法桓 海惠 緣松 竺令 信智コ
문헌정보 및 사진		규장각한국학연구원

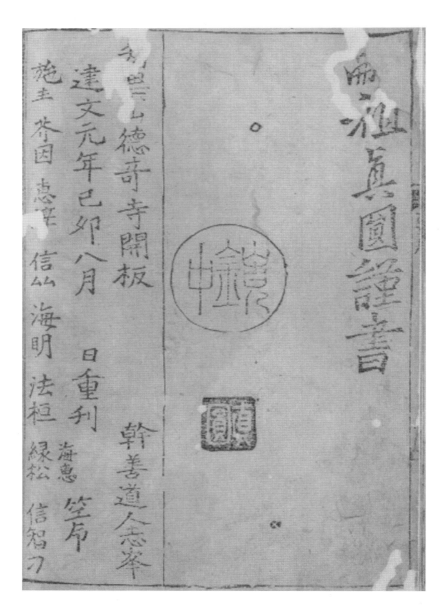

2. 牧牛子修心訣, 誠初心學人文, 皖山正凝禪師示蒙山法語, 東山崇藏主送子行脚法語, 蒙山和尙示衆

분류		禪書_한국찬술
제목사항	권수제	牧牛子修心訣
	판심제	心 / 誠 / 語
발행사항		德奇庵, 1400年(定宗 2)
찬술사항		知訥(高麗) 撰
판형사항		木板本, 不分卷1冊 四周雙邊, 半郭 16.4×11.0cm, 10行16字, 白口, 上內向黑魚尾; 23.2×13.8cm 合刊: 誠初心學人文, 皖山正凝禪師示蒙山法語, 東山崇藏主送子行脚法語, 蒙山和尙示衆
기록사항	서문	無
	발문	無
	간기	第十代開板建文二年八月日誌 智異山德奇庵重刊
	간행질	미상
	기타	大德九年乙巳(1305)七月日誌 同■道人眞悶書
문헌정보 및 사진		대구 용연사

■사진

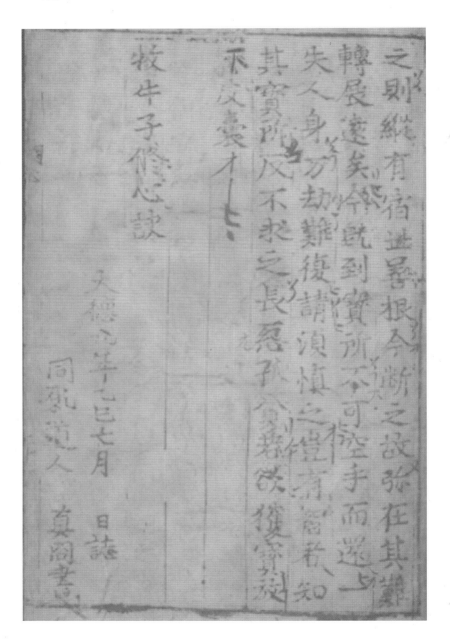

3. 六經合部

분류		經藏
제목사항	권수제	金剛般若波羅蜜經
	판심제	金 / 行 / 頂 / 口 / 普 / 阿
발행사항		君子寺, 1445年(世宗 27)
찬술사항		金剛般若波羅蜜經: 鳩摩羅什(姚秦) 奉詔譯
		大方廣佛華嚴經入不思議解脫境界,普賢行願品: 般若(唐) 奉詔譯
		大佛頂首楞嚴神呪: 般刺密帝(唐) 譯
		觀世音菩薩禮文: 鳩摩羅什(姚秦) 譯
		妙法蓮華經觀世音菩薩普門品: 鳩摩羅什(姚秦) 譯
		佛說阿彌陀經: 鳩摩羅什(姚秦) 譯
판형사항		木板本, 6篇1冊 四周單邊, 半郭 18.9×12.6cm, 8行16字, 無魚尾; 28.0×17.0cm
기록사항	서문	無
	발문	此六卷經者成佛之捷經初學之先務也…今智異山君子寺道人弘禪於此經中信心堅固行願圓滿倩互重刻印施流通…正統十年乙丑(1445)仲春上旬曹溪老衲 靈谷 跋
	간기	金剛般若波羅蜜經 卷末: 智異山 君子寺 改板
		觀世音菩薩禮文 卷末: 淸源寺住持 大禪師 海悟 刊
	간행질	〈金剛般若波羅蜜經 末〉 鄭穀 鄭仲孫 吳成李 朴思順兩主 大禪師■■ 大禪師■■ 大禪師■■ 中德■珠 禪師海能 禪師竹根 禪師■悟 禪師■敬 禪師信■ 禪師覺明 大禪師信■ ■師■澄 李德守兩主 丁伐介小非 丁登三加伊 ■洪学宗 尙宗 道庵 淪修 洪■ 洪花 信雲 禪師洪■ 禪師■■ 禪師■峰 ■■ 雪山 ■■ 向如 ■■鄭齊 劉氏 鄭■須客 鄭懷■ 鄭■運 鄭 妙光 金苟兩主 金得■兩主 ■初朴氏 金信兩主 朴思兩主 朴致■兩主 ■聰■兩主 鄭眞兩主 金 ■■■ 高富兩主 ■明兩主 張益■兩主 張敬兩主 陳■生兩主 金永守兩主 朴■■兩主 金■兩主 李■■兩主 金富兩主 ■瑟■伊 李元富兩主 艮伊者介 曺宝兩主 李■■兩主 ■■■ 大德■■ 申■■兩主 ■■■兩主 姜■兩主 ■■兩主 ■ 天守兩主 金哲兩主 幹善 洪禪 戒禪

		〈觀世音菩薩禮文 末〉
		恭仁全氏 義昌鄭氏 淑人玄氏 居士李百之
		■■■ 鄭乙京 成賴 吳継宗 孫氏訖伊 趙得志
		鄭灵 鄭原 得休 吉末 六和 法惠 仇德 尙泂
		化主 弘禪
문헌정보 및 사진		대구 보성선원

菩提云　正統十年乙丑仲春上

句曹溪老衲　雲谷玉　鄭原得休

古来六和

鄭乙京

恭仁令氏　成頼　趙得志法惠

義昌鄭氏　　　　　尚迥

淑人亥氏　吳總宗化德

居士李百之孫氏說伊化主弘禪

清源寺住持大禪師　海悟　刊

4. 六經合部

분류		經藏
제목사항	권수제	金剛般若波羅蜜經
	판심제	金 / 行 / 頂 / 普 / 口 / 阿
발행사항		見佛庵, 1462年(世祖 8)
찬술사항		金剛般若波羅蜜經: 鳩摩羅什(姚秦) 奉詔譯
		大方廣佛華嚴經入不思議解脫境界,普賢行願品: 般若(唐) 奉詔譯
		大佛頂首楞嚴神呪: 般刺密帝(唐) 譯
		觀世音菩薩禮文: 鳩摩羅什(姚秦) 譯
		妙法蓮華經觀世音菩薩普門品: 鳩摩羅什(姚秦) 譯
		佛說阿彌陀經: 鳩摩羅什(姚秦) 譯
판형사항		木板本, 6篇1冊 四周單邊, 半郭 18.7×12.3cm, 8行17字; 24.7×16.3cm
기록사항	서문	無
	발문	願我以諸經刻板功德十方世界,死生六道一切衆生同飯淨土信仰同見彌陀同聞淨法同化衆生 天順六年(1462)壬午六月 日 謹跋
	간기	慶尙道晉州地金龍山見佛庵開板 將仕郎盧伯全兩主
	간행질	大施主大禪師 義戒 訥伊 大施主 自澄 大禪師 智印 大禪師 義頓 大禪師 義禪 大禪師 ■瓊 大禪師 靑安 禪伯 戒白 大禪師 性敏 大禪師 学南 大禪師 印湖 禪師 信聰 英敏 海禪 注溥 金勝兩主 宋訥介夫妻 鄭松夫妻 孫卜夫妻 田得衣今音加 趙熙敬夫妻 今音達龍今 朴衆伊夫妻 崔氏古火伊 金仲里金夫妻 裵思彦夫妻 金大干德 李山名夫妻 金氏亽怛 梁桂 金ヨ元 金春 金者古三點架 吳成吉 辛■伊 松致剛 金進 李哲米伊 崔同每邑加伊 司直李明衣兩主 金良祐夫妻 金安敬夫妻 裵景■夫妻 鄭祥妻李■■加伊 刻手 前萬年寺住持大禪師義一 道人 戒樞 前智谷寺住持大禪師 性敏 道人 竹根 大禪師 岑月 錬板大禪師 尙敬 中習 悶維 幹善道人 宝應
문헌정보 및 사진		국립중앙도서관

■ 사진

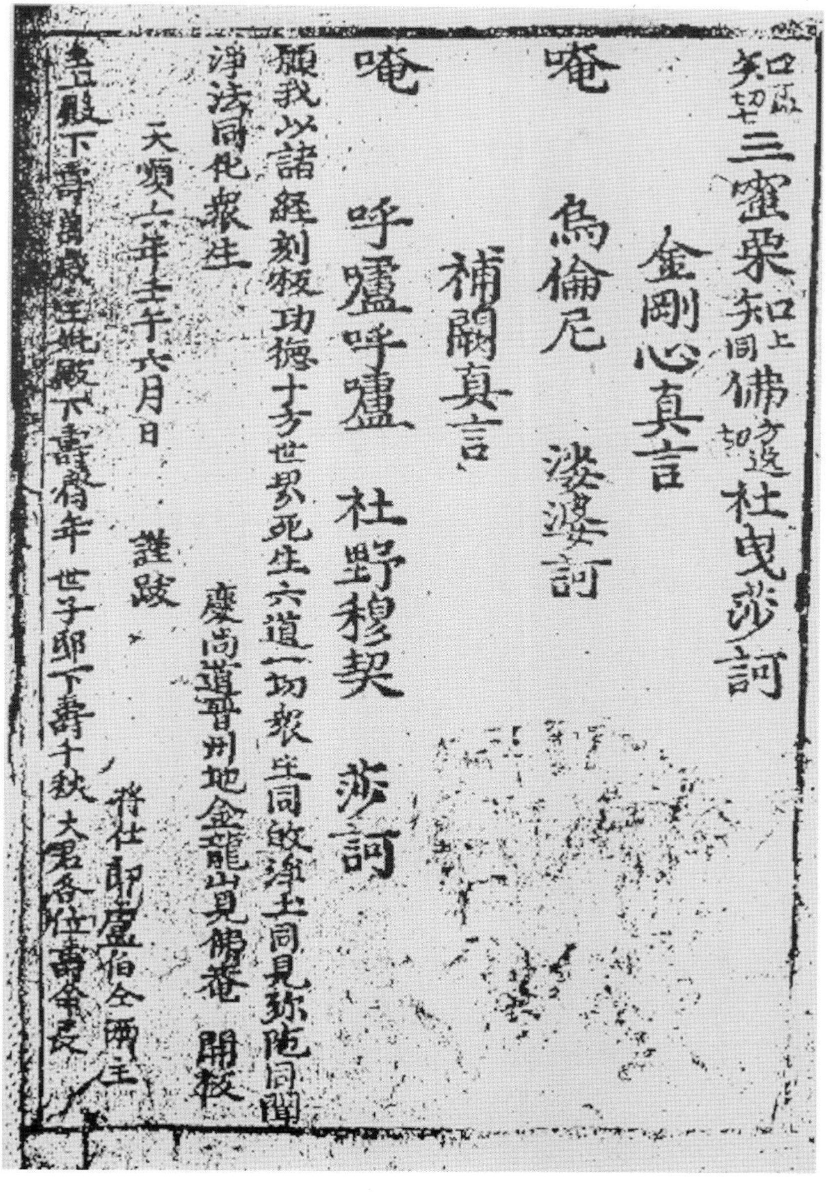
知三蜜栗知佛杜曳莎訶

金剛心真言

唵 烏倫尼 娑婆訶

補闕真言

唵 呼嚧呼嚧 社野穆契 莎訶

願我以諸經刻板功德十方世界死生六道一切衆生同歸淨土同見彌陀同聞

淨法同化衆生 慶尙道晉州地金龍山見佛菴 開板

天順六年壬午六月日 謹跋

將仕郞盧伯仝兩主

主上殿下壽萬歲 王妃殿下壽齊年 世子邸下壽千秋 大君各位壽命長

施主大禪師義牧　共浦金膳兩主　梁註

鄭祥　妻李氏因加伊

大施主　訥伊　宋訥个夫妻　金元　烈手

大禪師　自近　鄭松夫妻　金春　鄭松夫李氏因加伊

大禪師　智印　孫卜夫妻　者右今野夫

大禪師　義禎　田得衣今音加　吳成吉　前智谷李任持夫禮師性敬

大禪師　義禪　趙熙敬夫妻　芋朴火夫伊　道人竹根

大禪師　主瓊　今音達龍今　宋致剛　舉月

禪伯　　青安　朴狼伊夫妻　金進　大禪師　尚敬

大禪師　戒白　崔氏右火伊　李指米伊

大禪師　性敏　金仲旱金夫妻　崔同公無邑加

大禪師　学南　金氏祐夫妻　司直等明或門

大禪師　印湖　金大于德　金安敬夫妻

禪師　信聰　奧敬　金氏仍祖

　　　　　　　中昌同進

5. 護法論

분류		論書_중국찬술
제목사항	권수제	護法論
	판심제	護法論
발행사항		神興寺, 1528年(中宗 23)
찬술사항		張商英(宋) 述
판형사항		木板本, 1卷1冊 四周單邊, 半郭 16.1×12.1cm, 9行18字, 黑口, 上下向黑魚尾; 23.7×15.5cm
기록사항	서문	無
	발문	…紹定四年(1231)四月日知幻道人書
		…前知樞密院事南州徐氏跋
		…紫芝丘雨跋　苕溪海印庵比丘惟一助統鈔五定及募衆緣相與刊板 板留吳城西幻住庵
		蒼龍己未(1379)仲秋…李穡跋
	간기	嘉靖七年戊子(1528)春月日智異山神興寺開板
	간행질	施主金山 車明 車軒 車孟仅 朴松骨 性了 金戒同 金石■ 車有平 禪宗 車銀松 車允汀 刻手 張守明 化主 處明 供養主 祖心
문헌정보 및 사진		규장각한국학연구원

■사진

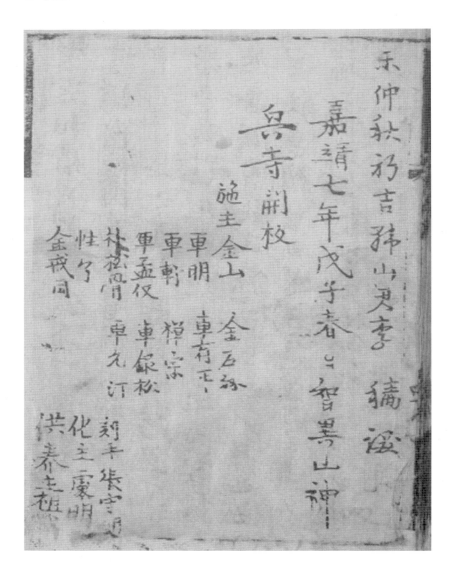

6. 禪門寶藏錄, 禪門綱要集

분류		禪書_한국찬술
제목사항	권수제	禪門寶藏錄
	판심제	禪
발행사항		鐵窟, 1531年(中宗 26)
찬술사항		天頙(高麗) 撰
판형사항		木板本, 2編1冊 四周單邊, 半郭 17.5×11.2cm, 無界, 11行20字, 黑口, 內向黑魚尾; 24.8×14.2cm 合刊: 禪門綱要集
기록사항	서문	羌夫我迦文…海東沙門內願堂眞靜大禪師天頙蒙且序至元卅年癸巳(1293)十一月日也
	발문	禪門寶藏錄 卷末: 詳夫禪是佛心敎是佛語…至元三十一年甲午(1294)三月日夢庵居士奉翊大夫副知密直司事國學大司成文翰學士承旨李混跋
		禪門綱要集 卷末: 客訪余余出此二解示之…於是乎書
	간기	禪門寶藏錄 卷末: 嘉靖十年辛卯(1531)日 慶尙道晉州地智異山鐵窟開刊以傳臣興寺
		禪門綱要集 卷末: 嘉靖十年辛卯(1531)日 慶尙道智異山鐵窟開刊以傳臣興
	간행질	圓悟 正一 刻手 戒心 戒珠 供養主 玄旭 化主 玉修 秀庵
문헌정보 및 사진		동국대 도서관

嘉靖十年辛卯日慶尚道晉州地智異山鐵窟開刊以傳

臣奐寺

圓悟

正一

刻手 戒心

供養主 玄旭

化主 玉俊

秀庵

戒珠

7. 僧家日用食時默言作法

분류		儀禮_한국찬술
제목사항	권수제	僧家日用食時默言作法
	판심제	미상
발행사항		鐵窟, 1531年(中宗 26)
찬술사항		井幸(朝鮮) 編
판형사항		木板本, 不分卷1冊 四周單邊, 半郭, 8行字數不定, 無界
기록사항	서문	無
	발문	無
	간기	嘉靖十年辛卯(1531)日 慶尙道智異山鐵窟開刊以傳臣興
	간행질	金意外 金仇同 鄭文孫 仅惠 敬熙
문헌정보 및 사진		개인

■사진

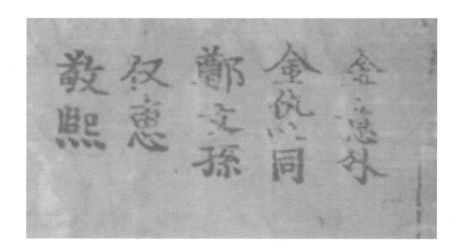

8. 五大眞言集

분류		儀禮_중국찬술
제목사항	권수제	千手千眼觀自在菩薩廣大圓滿無导大悲心大陀羅尼啓請
	판심제	五大
발행사항		鐵窟, 1531年(中宗 26)
찬술사항		不空(唐) 奉詔譯
판형사항		木板本, 1卷1冊 四周雙邊, 半郭 17.1×11.9cm, 8行13字, 黑口, 內向黑魚尾; 21.4×16.0cm
기록사항	서문	無
	발문	夫天下之機緣…齊登覺岸
	간기	嘉靖十年辛卯(1531)日 慶尙道智異山鐵窟開刊以傳臣興寺
	간행질	刻手秩 戒心 戒珠 施主秩 雲淡 惠泉 靈一 惠寬 剞善 敬濟 允熙 法通 思冏 處安 大施主 金欣金兩主 施主 善德 郭旵石 姜仇知 朴介乃 金仁孫 溫非 敬和 供養主 玄旭 幹善 玉修 秀庵
문헌정보 및 사진		국립중앙도서관

金口所宣無有虛妄普願十坊咸奉

慈音或精進受持或莊嚴佩帶各隨

意種種歸誠俾其罪累氷消

慈光日朗得大惣持戾六神通十方淨

上應念周遊未脫輪迴薺登

覺岸

嘉靖十年辛卯月慶尙道智異山錣堀開刊以傳

臣奐寺

施主秩

刋手秩　戒心

戒珠

雲淡
惠泉
靈一
惠寬
起善　　思問
救濟　　思問
允熙　慶安　韓善
法通　　　　秀庵

供養主
玄旭
王修
敬和

溫非
金仁孫
朴介介乃
姜仇知
郭石乙石

施主善德

大施主金㫋金兩二

9. 現行西方經

분류		經藏_한국찬술
제목사항	권수제	現行西方經
	판심제	西
발행사항		七佛寺, 1531年(中宗 26)
찬술사항		元旵(高麗) 錄
판형사항		木板本, 1卷1冊 四周雙邊, 半郭 21.6×13.6cm, 10行22字, 大黑口, 上下內向黑魚尾; 25.5×16.0cm
기록사항	서문	無
	발문	正統十三年戊辰(1448)月日禪判都大禪師少言跋
	간기	嘉靖十年辛卯(1531)四月日 智異山七佛寺開板
	간행질	大施主 艮里 保体　　　河孟精兩主 大施主 禪師 自印　　　朴氏兩主 主簿金世珍兩主　　　金有緣兩主 禦侮將軍許光孫兩主　刻字迭 供養迭 蔡氏保体　　　　　　方守建 智元 朴平同兩主　金銀同　三應　畢從 金尹傾兩主　目ㄱ之　化主迭 金仍叱同　徐同　　勸化戒熙 靈機　　　　　　幹化智鑑
문헌정보		지리산권문화연구단 자료총서07: 지리산권 불교자료1

10. 景德傳燈錄

분류		禪書_중국찬술
제목사항	권수제	景德傳燈錄
	판심제	傳灯
발행사항		神興寺, 1536年(中宗 31)
찬술사항		道原(東吳) 纂
판형사항		木板本, 30卷10冊 四周單邊, 半郭 19.4×15.2cm, 無界, 12行20字, 註雙行, 無魚尾; 29.1×19.7cm
기록사항	서문	無
	발문	無
	간기	嘉靖十五年丙申(1536)暮春 智異山神興寺開板
	간행질	施主秩 供養大施主韓虔兩主 大施主崔龍石兩主 大施主金欣金兩主 大施主禹石孫兩主 通訓大夫鄭孝純兩主 金孫兩主 朴光石兩主 張宰生兩主 趙玉京兩主 金贊兩主 朴加應之兩主 金允甫兩主 金万石兩主 盧仲京兩主 別侍衛 金彦甫兩主 朴末平兩主 李玉淳兩主 孫富興兩主 金貴千兩主 鄭万年 兩主 朴山陳兩主 王可石兩主 李江丁兩主 金旺孫兩主 朴孫兩主 今市兩主 姜延仇知 保体 張叔同兩主 金豆之兩主 朴內ㄱ山兩主 金允山兩主 金潤江兩 主 朴氏孝今保体 供養大施主崔龍石兩主 大施主韓虔兩主 大施主金欣金兩主 比丘秩 碧松堂智川 大施主戒敏 祖環 姜囧 一禪 圓悟 仅心 灵靈芝 學明 敬川 智明 八環 道仪 正玉 尙均 衍禧 玄機 玉崙 一玄 允浩 祖軒 覺裕 三印 崇印 妙明 性海 信正 圓覺 仅哲 法能 釋安 性了 克連 法行 智衍 法行 敬岑 行思 釋峻 印湛 惠寬 仅英 覺均 宝雄 貫一 覺祖 達修 戒禪 天緝 道庵 智能 戒贊 印浩 熙印 惠文 仅金 布施大施主金欣金兩主 大施主崔竜石兩主 大施主韓巾兩主 大施主 禹石孫兩主 李王石兩主 崔永孫兩主 吳加應赤兩主 李奉兩主 命伊兩 主 長孫兩主 朴無赤兩主 林陸兩主 刻手秩 戒心 戒珠 信崇 道信 智熙 寸澄 道熏 惠當 姜哲同兩主 文敬兩主 性海比丘 戒珠比丘 印希比丘 熙云比丘 覺云 比丘 覺敏比丘 校正迭 義囧 玉崙

		鍊板 允浩 戒岑
		供養主迭 道修 守仁
		隨役迭 能達 性敏 義修 戒行
		別座 一玄
		幹善道士忠信
문헌정보 및 사진		팔공산 동화사

嘉靖十五年丙申暮春智異山神興
寺開板
　主上殿下壽萬歲
　王妃殿下壽齊年
　世子邸下壽千秋

　　施主秩
供養大施主韓虔兩主
　大施主崔龍石兩主
　大施主金欣金兩主
　大施主禹石孫兩主　　朴光石兩主
通訓大夫鄭孝純兩主　　張宝生兩主
　　金孫　兩主　　　　趙玉京兩主

金賢 一主

朴加應之 兩主

金㐖甫 兩主

金万石 兩主

盧仲京 兩主

別侍衛金彦甫 兩主

朴末平 兩主

李玉淳 兩主

孫富典 兩主

金貴千 兩主

鄭万年 兩主

朴山陳 兩主

王可石 兩主

李江丁 兩主

金旺孫 兩主

朴孫 兩主

令市 兩主

姜連仇知保体

張叔同 兩主

金豆之 兩主

朴内丁山 兩主

金㐖山 兩主

金潤江 兩主

朴氏孝令保体

供養大施主崔龍石兩主　孶明

大施主韓慶　兩主　敬□

大施主金伙金　兩主

比丘秩

碧松堂智□

大施主戒敏

祖環

義問

一禪

圓悟

仅心

灵芝

智明　八環　道仅　正王　尚均　衍禧　玄崙　一玄　尢洁

祖軒　孶裕　三印　崇印　妙明　性海　信正　圓覽　仅柘　法能　寂安　性了

宝 學 衣 惠 印 殼 行 敬 法 智 法 克
雄 均 英 寬 港 峻 思 岑 行 行 行 連

仅 惠 熙 印 戒 智 道 天 戒 達 學 賈
金 文 印 浩 贊 能 庵 緝 禪 後 祖 一

布施大施主金欣金兩主

大施主崔竜石兩主

大施主韓巾兩主

大施主曲石孫墨

李玉石兩主

崔永孫兩主

吳加應赤兩主

李奉兩主

命伊兩主

長孫兩主

朴無赤兩主

林陸兩主

刻手秩

戒心

戒珠

信崇

道信

士澄

智旵

道重

惠岜

姜据同两主　供養主迻

文敬两主　　道修

性海比丘　　守仁

戒珠比丘　　隨喜迻

印希比丘　　性海

熙云比丘　　能達

覺云比丘　　義修

覺敏比丘　　別座

校正迻　　　戒行

義岡　　　　一玄

玉岑

鍊板允浩　戒岑　幹善道士忠信

11. 蒙山和尙六道普說

분류		禪書_중국찬술
제목사항	권수제	蒙山和尙六道普說
	판심제	미상
발행사항		神興寺, 1536年(中宗 31)
찬술사항		德異(元) 著
판형사항		木板本, 不分卷1冊 四周單邊, 半郭 19.1×13.5cm, 有界, 6行13字, 內向黑魚尾; 26.5×18.0cm
기록사항	서문	無
	발문	無
	간기	嘉靖十五年丙申(1536)六月 晉州智異山神興寺開刊
	간행질	大施主申■■德壽命長 前部將申世■ 金凡山 金■■ ■■■ ■■ 金氏■■ 沈京孫 張光■ ■■ ■■ 張氏 古音德 金孝■ ■■京 學祖 申氏■■ 朴人赤 崔孝文 義浩 ■玄 金氏 黃世弼 德今 允志 正黙 朴■■ ■■ 趙■忠 玄熙 戒心 申■ 李業山 趙礼宗 法能 祖一 今虔 大施主姜哲同 文守京 李孫 省悟 道■ 今之 刻手 戒珠 信崇 供養主慧聰 大施主有德 金万石 金孫守 ■■ 法■ ■今 吳豆之 朴山隙 戒敏 崔世映 朴芴叱莊 吳已■ 義心 ■■ 仅■■
문헌정보 및 사진		동국대 도서관

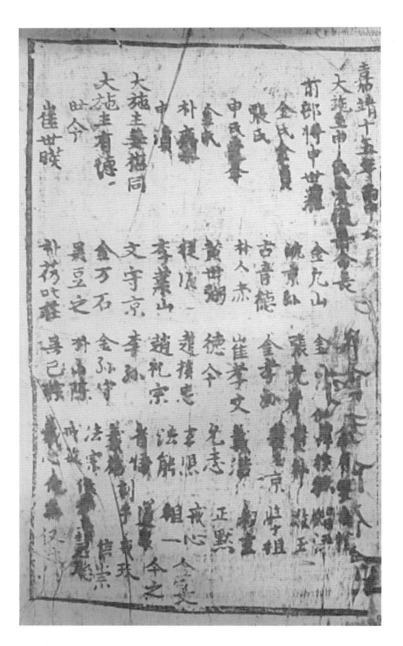

12. 發心修行章, 自警序, 皖山正凝禪師示蒙山法語, 蒙山和尙法語略錄

분류		入門_한국찬술 / 중국찬술
제목사항	권수제	發心修行章
	판심제	미상
발행사항		神興寺, 1536年(中宗 31)
찬술사항		元曉(新羅) 述
판형사항		木板本, 4編1冊 1冊: 四周單邊, 半郭 16.0×11.5cm, 無界, 8行16字, 內向混葉花紋魚尾; 23.2×14.1cm 合刊: 自警序, 皖山正凝禪師示蒙山法語, 蒙山和尙法語略錄
기록사항	서문	無
	발문	無
	간기	嘉靖十五年丙申(1536)孟夏日 智異山神興寺重刊
	간행질	大施主李世長 施主韓虔兩主 金孫兩主 李世榮 林富貞 金彭世 金安世 金守■ 趙孟仁 徐益亨 金守渚 張世番 姜多勿沙里 趙長孫 李石龍 李玉石 孔得由 祖能 智雄 信崇 慧一 衍熙 竺明 全令孫 鄭貴同 鄭延同 李世延 金羞 金全 甘之 鄭末孫 林貴孫 道熙 道安 性祖 灵觀 印諶 一應 刻手秩 戒心 戒珠 惠岂 信崇 供養主 信浩 明月 化主 崇一
문헌정보 및 사진		지리산권문화연구단 자료총서07: 지리산권 불교자료1 개인

■사진

嘉靖十五年丙申孟夏日智異山神興

寺重刱

大施主李世長

施主韓慶　兩主　　孔得由　　道熙

　　金孫　兩主　　祖能　　道英

　　李世榮　　　　昭雄　　道祖

　　林富貞　　　　信崇　　牲祖

　　尹彭世　　　　基一　　灵氣

　　金安世　　　　行照　　行湜

　　　　　　　　　竹明　　一湜

13. 大慧普覺禪師書

분류		禪書_중국찬술
제목사항	권수제	大慧普覺禪師書
	판심제	書
발행사항		神興寺, 1537年(中宗 32)
찬술사항		宗杲(宋) 語; 慧然(宋) 錄; 黃文昌(宋) 重編
판형사항		木板本, 不分卷1冊 四周單邊, 半郭 20.1×14.5cm, 無界, 10行17字, 白口, 無魚尾; 29.5×18.8cm
기록사항	서문	無
	발문	大慧禪師說法…文昌謹白
		弟子聞人…乾道二年歲次丙戌(1166)八月勅賜徑山妙喜菴刊行
		宗名儒…韓山府院君李穡跋
		嘉靖十年辛卯(1531)之春…在家居士高根孫
	간기	嘉靖十六年丁酉(1537)春智異山神興寺開板
	간행질	施主秩 彐雲 印湛 性峻 熙峻 性覺 智㘽 六明 鉄牛 信㘽 正玉 香⼞ 彐粉 敬和 灵祉 玄修 学宥 道軒 丄一 雲馱 信玄 法聰 信还 惠翁 莫只 石今 欣之 開非 朴靑石 李元 姜哲同 崔永孫 崔竜伊 姜從失 文以順 河叱辰 丹非 灵駕 刻手秩 敬熙 惠闇 鍊板 允浩 供養主 法淸 助緣 敬⼞ 化主 覺性
문헌정보 및 사진		고양 원각사

■사진

施主
秋香叩　法聰
印雲叩　粉　信还　崔竜伊　錬板
性湛　敬和　信还　姜従失　允浩
性峻　灵祉　恵翁　文以順　供養主
熙峻　玄修　莫只　河吡辰　法清
性覚　学宥　石令　丹非灵駕　助縁叩
智同　㐲之　開非　刻手秋　敬叩
六明　道軒　朴青石　刻㐲
鉄牛山一　李元　敬熙　他生
信同　雲馺　姜彁同　惠闍　覚性
正王　信玄　崔永磧
嘉靖十六年丁酉春智異山神興寺開板

62 · 지리산권 불서

14. 法集別行錄節要幷入私記

분류		禪書_한국찬술
제목사항	권수제	法集別行錄節要幷入私記
	판심제	私記
발행사항		神興寺, 1537年(中宗 32)
찬술사항		知訥(高麗) 著
판형사항		木板本, 1卷1冊 四周單邊, 半郭 19.2×13.5cm, 無界, 10行20字, 內向黑魚尾; 26.5×17.6cm
기록사항	서문	無
	발문	無
	간기	嘉靖十六年丁酉(1537)暮春 慶尙道晉州地智異山神興寺開板
	간행질	施主秩 大施主金國孫兩主 施主 智悅 灵觀 印湛 思冏 眞一 性崇 徐末乚仝 徐仕文 崔叔遠 必今保体 刻士迭 雪澄 敬熙 敬吅 鍊板 性海 供養主 信修 熙修 敏眞 雲駛 相圓 戒宗 敬雲 六空 學幼 金銀白 李能同 許曾富 曹貴同 裵斤孫 三德 尹時之 枾千年 正今保 体 二今保体 莫今 古邑之 鄭訥三 金貞 朴仅山 金順經 順非 金彐白 化主 戒贊
문헌정보 및 사진		개인

嘉靖十六年丁酉孟夏慶尚道晉
州地智異山神興寺開板

庵主秾　　　　　刻士迷

大施主金國孫兩主　雪澄

庵主智悅　　　　敬熙

吳覯　徐末仝　数□

印淇　徐仕文　鍊板性海

思閏　崔叔遠　供養主信澄

真一　必今保体

性当

興修　金銀白　冀午　化主

敏真　李熊同　古邑之　戒賛

雲馺　許曾圖　郑訒三　戒賛

相圓　魯貴同　金貞

戒宗　衰介孫　三德　朴仅山　金順経

發雲　尹時之　金順非

六空　枏千年　金丞白

学幼　正令保体　二夲保体

15. 禪源諸詮集都序

분류		禪書_중국찬술
제목사항	권수제	禪源諸詮集都序
	판심제	禪源集
발행사항		神興寺, 1537年(中宗 32)
찬술사항		宗密(唐) 述
판형사항		木板本, 2卷1冊 四周單邊, 半郭 19.4×15.2cm, 無界, 10行20字, 註雙行, 上下內 向黑魚尾; 29.1×19.7cm
기록사항	서문	禪源諸詮集都序叙…洪州刺史兼御史中丞裵休述
	발문	後記唐大中十一年…福州沙門契玄錄
	간기	嘉靖十六年丁酉(1537)孟夏慶尙道晉州地智異山神興寺開板
	간행질	圓悟 義全 正悟 ■軒 自■ 崇仁 性通 乃浩 宝淳 施主秩 朴金万兩主 崔莫孫 尹吉山兩主 金三奉兩主 宋■孫兩主 月个 崔義達 方致同 朴加叱伊 徐毛■ 禪峻 ■林 祖行 信■ 釋海 崇惠 天鑑 性旹 世翁 高古音孫 李甘山兩主 ■山 金守千 金德■ 孫億千 徐旺助 高孫 徐 仲山 尹成孫 莫今 ■■之 尹万守 屎■德 徐貴進 朴役石
문헌정보 및 사진		개인

嘉靖十六年丁酉孟夏日慶尚道
晉州地智異山神興寺開板
圓悟　宝珠
義全　勞主送　月个
正悟　朴金万兩主　崔義達
敦軻　崔莫孫　方致同
自我　尹吉山兩主
崇仁　金三奉兩主　朴加叱伊
性通　宋迎孫兩主　梁毛知
乃皓　　　　　五十一

世翁　惟崑　天鑑恩　崇德　穀海　信法　祖行　知林　禪嵳

孫仲山　高孫　孫吐助　孫德千　金德意　金守千　　　高古青瑑　尹成瑑

　　　　　　尾左德　尹万守　　　　　　　　李甘山兩主　黃仝

朴從石　孫貴進　　　　　　　　　　　　　　朴山　教伽之

16. 佛說延命地藏菩薩經

분류		經藏
제목사항	권수제	佛說延命地藏菩薩經
	판심제	미상
발행사항		神興寺, 1537年(中宗 32)
찬술사항		不空(唐) 譯
판형사항		木板本, 不分卷1冊 10行17字; 17.3cm ×12.2cm
기록사항	서문	無
	발문	無
	간기	成化五年(1469)六月 日誌 嘉靖十六年丁酉(1537)八月日 智異山神興寺
	간행질	大施主 盧仲京兩主 陳氏 安處健 參軍白根 梁彭同 金叔仁 黃世弼 朴羅赤 施主金欣金 施主孫富興 孫仅同 李孫 鄭光孫 孫世伀 刻手 戒心 金安世 方千金 何益精 朴希茂 長禹同 沈銀孫 李千于 趙守宗 長廣元 金萬石 朴山陳 朴守陳 內ㄱ万 李玉石 方尼金 姜哲石 趙桀 成叔孫 學正 信崇 敬熙 鍊板 允浩 飯頭 智淳 幹善 義焆
문헌정보 및 사진		국립중앙도서관

嘉靖十六年丁酉八月日智異山神興寺
頑造十王經重刊隨喜施主芳名于右
〜 大施主盧仲京兩主　施主金欣金
陳氏　　　　　施主孫富興
一　〜安處健　　孫仅同
參軍白根　梁彭同　李孫
金叔仁　　　鄭光孫
黃世鵬　朴羅赤　孫世俊
刻手戒心

金安世　金萬石　　學正
方千金　朴山陳　信崇
何益精　朴守陳　敬照
朴希茂　內丁万　鍊掓先浩
長尚同　李玉石　飯頭晉浑
沈銀孫　方厄金　乾善
李干子　姜者石　義炯
趙守宗
長廣元　観業　成叔孫

17. 地藏菩薩本願經

분류		經藏
제목사항	권수제	地藏菩薩本願經
	판심제	地
발행사항		神興寺, 1537年(中宗 32)
찬술사항		法燈(唐) 譯
판형사항		木板本, 3卷1冊 四周單邊, 半郭 22.6×16.5cm, 無界, 8行16字, 黑口, 內向黑魚尾; 30.8×20.3cm
기록사항	서문	無
	발문	無
	간기	嘉靖十六年丁酉(1537)八月日 智異山神興寺
	간행질	■俗戒澄 意灝 義能 戒牛 處和 釋玄 義凝 信會 戒心 学悅 板漆大施主盧仲京兩主 布施大施主金欣金兩主 安處健 黃世弼 成處中 沈銀孫 法宗 法聰 法能 義哲 省悟 戒環 性悅 玄熙 義雲 性熙 法蟾 釋峻 興牛 道雲 惠能 智悟 覺正 義雲 熙玉 乃熙 神會 覺林 萬義 智圓 敬岑 有石 祖登 義心 忠信 祖環 信義 刻手 戒心 学正 信崇 敬熙 鍊板 允浩 供養主 智淳 幹善 義烱
문헌정보 및 사진		개인

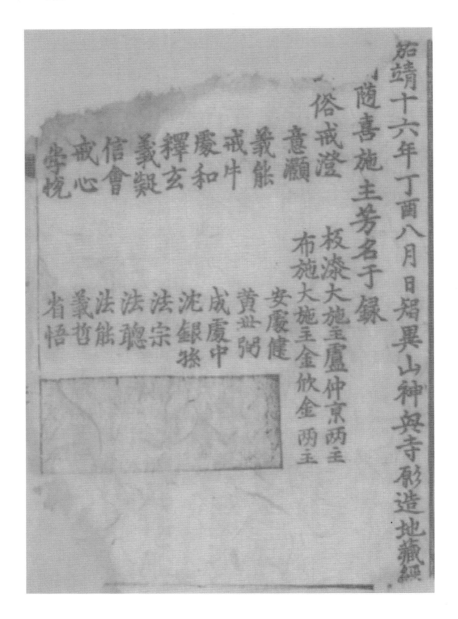

嘉靖十六年丁酉八月日智異山神興寺彫造地藏經

隨喜施主芳名于錄

一俗戒澄
意瀨
義能
戒牛
慶和
釋玄
義疑
信會
戒心
安悅

板漆大施主盧仲京兩主
布施大施主金欣金兩主
安慶健
黃世弼
成慶中
沈銀孫
法宗
法聰
法能
法哲
義哲
省悟

戒環　性悅　玄照　義雲　性熙　法蟬　釋峻　與牛　道雲　惠能　智悟　覺正

義雲　熙玉　乃熙　神會　覺義　萬岑　智圓　教石　有登　祖心　義信　忠信　祖環　信義

刻手　戒心　學正　信崇　敬熙　鍊板　兄湜　供養主　智淳　幹善　義燗

18. 顯正論

분류		論書_중국찬술
제목사항	권수제	顯正論
	판심제	미상
발행사항		神興寺, 1538년(中宗 33)
찬술사항		東吳隱夫 著
판형사항		木板本, 1卷1冊 四周單邊, 半郭 15.5×10.2cm, 10行18字, 內向黑魚尾; 22.2×14.0cm
기록사항	서문	無
	발문	無
	간기	嘉靖十七年戊戌孟夏日 慶尙道智異山神興開板
	간행질	刊字 信崇 明之 敬熙 化主 覺性
문헌정보 및 사진		국립중앙도서관

客曰然則至言可得聞乎隱夫曰何憚
子之驕氣與多欲泰色與淫志正爾思悔爾過
他日少進焉吾當誨子以斷賓再拜曰敬聞
命矣

顯正論終

嘉靖十七年戊戌孟夏日慶尙道智異
山神興開板

刊字 信崇

明之

化主覺性　敎熙

19. 高峯和尚禪要

분류		禪書_중국찬술
제목사항	권수제	高峯和尙禪要
	판심제	要
발행사항		南臺庵, 1539年(中宗 34)
찬술사항		高峰(元) 語; 持正(元) 錄; 洪喬祖(元) 編
판형사항		木板本, 不分卷1冊 四周單邊, 半郭18.3×12.9cm, 無界, 8行18字 上下黑口, 黑魚尾; 27.3×16.3cm
기록사항	서문	至元甲午(1294)···參學直翁洪喬祖謹書
	발문	至元甲午(1294)···參學淸苕淨明朱穎遠謹跋
	간기	皇明嘉靖大歲己亥(1539)···智異山南臺庵開板以傳神興寺
	간행질	施主一宗 性修 衍熙 學通 坦器 信還 鐵牛 曺哲金 趙元 刻手秩 敬希 信崇 惠聰 炊飯 戒澄 幹善道人靈祉
문헌정보		한국학중앙연구원 장서각 지리산권문화연구단 자료총서07: 지리산권 불교자료1

20. 妙法蓮華經要解

분류		經疏_중국찬술
제목사항	권수제	妙法蓮華經
	판심제	妙法
발행사항		神興寺, 1545年(仁宗 1)
찬술사항		鳩摩羅什(姚秦) 奉詔譯; 戒環(宋) 解
판형사항		木板本, 7卷7冊 四周單邊, 半郭 25.3×16.5cm, 無界, 10行18字, 下向黑魚尾; 34.5×22.2cm
기록사항	서문	미상
	발문	미상
	간기	嘉靖二十四年乙巳(1545) 仲夏日 智異山神興寺開板
	간행질	大施主尹光宗兩主 大施主李末貞兩主 大施主鄭漢孫兩主 大施主梁春兩主 大施主李長同兩主 孫千石兩主 千■保体 點德兩主 李万壽兩主 仅非兩主 朴成茂兩主 朴茂成兩主 朴文同兩主 朴文成兩主 朴文祐兩主 李石只兩主 裵尹兩主 裵商亨兩主 粉德兩主 李德和兩主 愼長兩主 內ㄱ伊保体 金命長兩主 根石兩主 白從石兩主 吳加應赤兩主 朴羅赤兩主 山德保体 朴勿金兩主 李貴榮兩主 李閏京兩主 艻叱非保体 銀非保体 崔淑斤兩主 尹非保体 姜致孫兩主 申㤗叱同兩主 卓同兩主 徐仲石兩主 守萬兩主 徐漢平兩主 水石兩主 春光兩主 黃世弼兩主 山伊兩主 文同兩主 從老兩主 梁末從兩主 李貴仁兩主 李玉石兩主 孫富興兩主 明知保体 同非兩主 崔夫叱失兩主 金從同兩主 孔加叱同兩主 李世長兩主 曹世洪兩主 白ㄱ山兩主 白甘山兩主 孔彦石兩主 竜德保体 曺孟山兩主 趙守宗兩主 金責千兩主 朴末貞兩主 李成准兩主 世孫兩主 朴継達兩主 姜似叱知兩主 孫動令兩主 姜仅丁兩主 孫億竜兩主 孫億壽兩主 趙億万兩主 朱巾兩主 金亽斤乃兩主 金竜兩主 靑竜兩主 金石同兩主 尹孫兩主 姜延石兩主 衆順孫兩主 叔梅兩主 金犯山兩主 金順生兩主 李允斤兩主 申金兩主 己林兩主 申莫同兩主 金彦同兩主 加並兩主 成世良兩主 來非保体 測今保体 裵尹知兩主 每邑之保体

		內ㄱ今保体 今山兩主 金從息兩主 陳國知兩主 朴林兩主 豊孫兩主 山今兩主
		大施主敬雲 大施主法能 三印 思閊 一禪 仪心 祖灯 玉崙 釋玄 三應 雲駛 熙宗 戒敏 學祖 仅敬 清雲
		學能 信仅 性行 信行 一均 浩仁 守仁 祖璨 法秀 性祖 信淡 法崇 智悅 允浩 宝雄 性海 祖元 華焞 敬熙
		■玉 ■熙 仅閑 敬眞 信和 智峯 守仁 信崇 善戒 戒汀 惠能 省悟 世林 戒岑 崇海 ■信 祖戒
		禪宗 ㅌ澄 宗密 熙什 法宗 ㅌ雲 祖安 雲學 竺明 戒祖 敬訓 原海 李存兩主 吳允■ 金■戶
		刻手秩 惠嘗 學正 崇海 敬熙 信崇 善戒 守仁 惠聰 華淳 ■悟 希惻 ■旺兩主
		鍊板 戒岑 正玉 浩正 智元 釋仁 性梅 允非
		供養主 洪済 億春 從今兩主
		化主 戒峯
		引勸化主 洪戒昌兩主 尹致公兩主
문헌정보 및 사진		개인

嘉靖二十四年乙巳仲夏日智異山神興寺開板

主上殿下壽萬歲
王妃殿下壽齊年

大施主尹光宗兩主
大施主李秀貞兩主
大施主鄭漢孫兩主
大施主梁春　兩主
大施主李侵同兩主
孫千石　兩主
千童保体
點海　兩主
李万壽兩主
仅非　兩主
朴戌成兩主
朴茂成兩主

朴丈同兩主
朴丈成兩主
朴文徳兩主
李石只兩主
裴尹　兩主
朴貴孫兩主
裴惠貞兩主
李閑京兩主
愼長　兩主
內伊保体
崔叔斤兩主
尹非保体
黃世弼兩主
山伊　兩主
文同　兩主
挺老　兩主
梁末從　兩主

吳加德亦兩主
朴咒赤兩主
山德保体
朴勿金兩主
李貴孫兩主
水石　兩主
春光　兩主

卓同　兩主
徐仲石兩主
守萬　兩主
徐漢平兩主

李連仁兩主　世孫兩主　金順生兩主

李玉石兩主　朴繡連兩主　山金兩主

孫富央兩主　姜兄介兩主

明知○條佇　申金兩主

孔非同兩主　孫勸令兩主　巳林兩主

金從同兩主　孫德壽兩主　金耆同兩主

崔○夬兩主　姜又丁兩主　加益兩主

孔加同兩主　申真同兩主　成世良兩主

李世長兩主　趙億万兩主　康非保佇

曹世洪兩主　朱巾兩主　測今保佇

白○山兩主　金介斤乃兩主　袈月知兩主

白甘山兩主　金竜兩主　每邑之保体

孔彦石兩主　青竜兩主　肉丁今保佇

竜德保佇　金石同兩主　今山兩主

曹正山兩主　尹孫兩主　金從息兩主

趙守宋兩主　姜延石兩主　陳國知兩主

金黄八千兩主　吳梅兩主　朴林兩主

朴求貞兩主　順孫兩主　豊孫兩主

李成催兩主　金范山兩主

大施主敎雲
大施主法能
大施主思闇

學能　信仅
一禪　信行　性行
三仰　性行
玉崙　祖心　灯　法淡　祖秀　守仁　一均　浩卡
三䢼　應　玄　权心　守仁
雲聠　敎宗　熙宗　戒敎　祖敎　性海　仅敬　清雲

正圭
道熙　权閑　信　智真　敬和　伯崇　守崇　蕾草　戒汀　惠能　省悟　世林　戒本　崇海　道信　祖戒
祖元　性厚　敬熙

神宗
祖宗澄　熙宗客　法宗什　信宗　敬閑　祖一雲　雲學　戒明　笙祖　戒詞　敬祖　原海　李存㕧主

吳元明
金茨戸

조선시대 불서 · 81

刻手鉄　錄板　供養主　化主戒峯
惠岂　戎岑　洪済
学正　亞王　德春　引勤化主　洪戒昌兩主
崇海　結亞　従今兩主　尹毅公兩主
敬熙　智元
信崇　赦仁
善戒　性摘
守惚　元非
惠惚
辛淳
嘉悟
希烱
晧旺兩主

21. 誠初心學人文, 發心修行章, 野雲自警序, 蒙山和尙法語略錄

분류		入門_한국찬술 / 중국찬술
제목사항	권수제	無
	판심제	不分明
발행사항		神興寺, 1547年(明宗 3)
찬술사항		知訥(高麗) 著
판형사항		木板本, 4編1冊 四周單邊, 半郭 18.5×13.5cm, 無界, 內向黑魚尾; 8行18字 26.5×16.9cm 合刊: 發心修行章, 野雲自警序, 蒙山和尙法語略錄
기록사항	서문	無
	발문	無
	간기	時丁未(1547)春日智異山神興寺開板
	간행질	供養大施主張莫失兩主 布施大施主郭元山兩主 布施大施主淸印比丘 崔同兩主 竜今兩主 金貴生兩主 金水云兩主 李從同兩主 莫德保体 夽德保体 徐進■兩主 世明兩主 竜非兩主 金 長仇知兩主 申孟根兩主 申末同兩主 申哲印兩主 申君結兩主 中孫兩主 仇音方兩主 宮今保体 春德保体 金之道兩主 姜■邑山兩主 ■敬 金潤兩主 ■■保体 金■孫兩主 金■同兩主 金之兩主 金汀兩主 成校原兩主 金成尙兩主 ■多音■里兩主 李從兩主 金克奇兩主 ■漢暉兩主 夌壽■兩主 豆他非兩主 李成俊兩主 吳千斤兩主 金金伊同兩主 趙 良■兩主 沈玉同兩主 朴■孫兩主 郭文孫兩主 ■眞兩主 鍊板 戒岑 刻手 信崇 信仅 道雲 行淳 志軒 印文 智文 靈悟 ■■ ■■ 世浩 善正 信浩 幹善比丘 崇一
문헌정보 및 사진		개인

時丁未春日智異山神興寺開板

主上殿下壽萬歲

王妣殿下壽齊年

供養大施主　　　　眞德保体

布施大施主張莫夫两主　　石乙德保体

布施大施主郭云山两主　　徐進孫方主

布施大施主清印比丘　　世明方主

崔同两主　　竜非方主

竜今两主　　金長位知方主

金貴生两主　申孟根方主

金水云两主　申末同方主

李佐同方主　中君結方主

中孫方主

佃音方靈

宮今保体

春德保体

金之道靈

姜有邑山两

壬敬

金澗两主

金別孫兩主　　　　　　要書主願　　　　　比校　金

金模同兩主　　　　　　　　　真他非　兩主　　寂岑

金之□主　　　　　　　　李成俊　兩主　　刻手　世浩

金汴　兩主　　　　　　　　吳千斤兩主　　　信崇　善正

成孜原□主　　　金金伊同兩主　　　　信仅　　□浩

金成尚多主　　　　趙良孤兩主　　　道雲

妻多亏阿沙里亏主　　　　　　　　行淳

李才役兩主　　　沈主同兩主　　志軒　　乾香比丘

金克奇兩主　　朴延孫兩主　　邱文

刘漢暉兩主　　郭文孫兩主　　超文　　　崇一

　　　　　　俠直兩主　　　　靈悟

22. 佛說天地八陽神呪經

분류		經藏
제목사항	권수제	佛說天地八陽神呪經
	판심제	미상
발행사항		神興寺, 1549年(明宗 4)
찬술사항		미상
판형사항		木板本, 不分卷1冊 四周單邊, 半郭 21.0×15.0cm, 無界, 半葉 8行19字, 細黑口, 內向黑魚尾; 27.5×19.3cm
기록사항	서문	有
	발문	無
	간기	嘉靖二十八年己酉(1549)六月 日慶尙道晉州地異山神興寺留板
	간행질	大施主李文兩主 大施主朴希茂兩主 대시쥬근개낭쥬 前奉事尹副兩主 文命石兩主 崔龍石兩主 崔■同兩主 李億孫兩主 孫千龍兩主 曹孟山兩主 末非兩主 必伊保体 高起灵駕 從介保体 文今保体 文守丁兩主 孫億富兩主 千代保体 尹世林兩主 同叱伊兩主 高孝紫灵駕 徐氏 黃万石兩主 金允山兩主 徐孟達兩主 蔡氏保体 三印 四冏 祖環 仅心 字祖 性海 仅修 惠岑 崇仁 覺元 信黙 印熙 印和 敬熙 印湛 玉仁 守仁 宝安 隱玄 妙玄 信和 智仁 志俊 大珠 允浩 智■ 一眞 玄悟 敬眞 信安 法宗 信仅 祖衍 幸洵 灵悟 守仁 善惠 性梅 智淨 大施主仅修 大施主宗密 大施主淸印 大施主宝雄 施主 浩正 施主海衍 施主宝月 施主一空 施主法行 善正 玉崙 善戒 仅根 智溫 信岑 施主性仁 施主敬元 高瞻灵駕 於叱伊兩主 林萬世兩主 崔漢浩兩主 裵玉京兩主 幹善道人崇海
문헌정보 및 사진		동국대 도서관

■사진

嘉靖二十八年己酉六月日慶尙道晉州地智異

山神與寺留板

大施主李文□兩主　　從介保体　三印　敬卿　一真

六施主朴希茂兩主　　文仐保体　思问　初澄　玄悟

대사쥬ㄹ근개낭쥬 文□丁兩主　祖琿　王仁　發真

前奉事尹副兩主　孫億富兩主　仅心　守仁　信安

文命石兩主　千代保体　李祖　宝女　法宗

崔龍石兩主　尹世林兩主　性祖　隱玄　信仅

崔揆同空　同叱介兩主　惠海　如　信和　祖□

李億孫空　高孝業驚　仅僕　崇岑　智仁　灵悟

孫千龍空　徐氏　覚尤　信□　守仁

曹孟山空　黃万石空　賣尤　智仁　大判　□患

朱非兩主　金兄山兩主　信□　恋後　善□

必伊保伙　徐孟達兩主　印□　兄階　□梅

高起□□　蔡氏保体　印押　智□

조선시대 불서 · 87

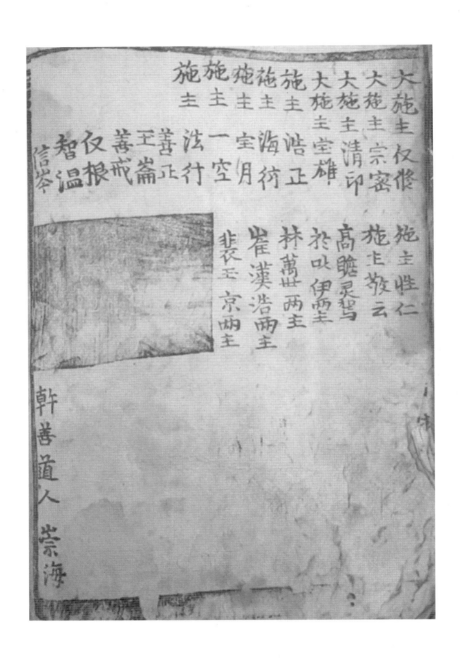

23. 禪門拈頌集

분류		禪書_한국찬술
제목사항	권수제	禪門拈頌集
	판심제	미상
발행사항		神興寺, 1549年(明宗 4)
찬술사항		天頎(高麗) 撰
판형사항		木板本, 21卷7冊 四周單邊, 半郭 16.3×12.2cm, 12行21字, 註雙行, 上下向黑魚 尾; 22.6×16.5cm
기록사항	서문	미상
	발문	미상
	간기	時嘉靖二十八年歲次己酉白洋慶尙道晉州牧智異山神興寺開刊
	간행질	미상
문헌정보		성암고서박물관 지리산권문화연구단 자료총서07: 지리산권 불교자료1

24. 大慧普覺禪師書

분류		禪書_중국찬술
제목사항	권수제	大慧普覺禪師書
	판심제	미상
발행사항		神興寺, 1570年(宣祖 3)
찬술사항		宗杲(宋) 法語; 慧然(宋) 錄; 黃文昌(宋) 重編
판형사항		木板本, 不分卷1冊 四周單邊, 半郭 18.6×12.5cm, 10行18字, 白口, 內向花紋魚尾; 25.0×17.0cm
기록사항	서문	미상
	발문	舊跋: 洪武二十年丁卯(1387)十月日…李穡跋
	간기	隆慶四年庚午(1570)抄冬頭流山神興寺開刊
	간행질	大施主張斤每 大施主朴大卩同 金乙常 朴仇之 高亐同 金末上 鄭斤金 九月 崔斤 粂陽 鄭介 鄭允同 ■眞 應和 張斤石 張彦山 李水千 性仇之 眞一 文惠 玉岑 祖淳 六行 守安 克正 玉熙 義天肅 法雲ㅓ ㅗ岑ㅓ 智楫ㅓ 應浩ㅓ 歸正務 海正化
문헌정보 및 사진		개인

月日推誠保節同　　連洙共法二十五言六千f

大匡領藝文春秋館事兼　山府院　兼林

義天書

大施主張　斤每　　九月　張彦山　　　　法雲刀

大施主朴大丫同　　　　崔斤　　工岑刀

金乙常　　录陽　李水千

朴仇之　　卸介　性仇之　　智楫刀

高岉同　　卸同　　卸同

金末上　　撿真　真一　六行　　智浩刀　全

　　　　　應和　文恵　守安　　應浩刀

卸斤金　張斤石　玉岑　　歸正務　會朝

　　　　祖淳　克正

　　　　玉熙　　　海正化

隆慶四年庚午抄冬頭流山神興寺開刊

25. 禪宗永嘉集

분류		禪書_중국찬술
제목사항	권수제	禪宗永嘉集
	판심제	永嘉集
발행사항		神興寺, 1570年(宣祖 3)
찬술사항		玄覺(唐) 撰; 行靖(宋) 註; 淨源(晋) 修定科; 己和(朝鮮) 說誼
판형사항		木板本, 2卷1冊 四周單邊, 半郭 19.1×14.0cm, 無界, 半葉 11行19字, 註雙行, 內向黑魚尾; 28.3×18.1cm
기록사항	서문	涵虛堂得通述
	발문	無
	간기	隆慶四年庚午(1570)夏智異山臣興寺重刊
	간행질	大施主朴大隱同 大施主張根梅 布施主成玉同 李守千 鄭斤金 林當 金亽斤乃 金成同 校正 道義 眞一 參玄 玄敏 仅玄 卯輝 崇祖 刻手 法雲 祖能 熙宝 棟板淡清 執伋正 幹善海正
문헌정보 및 사진		동국대 도서관

隆慶四年庚午夏智異山臣興寺重刊

大施主朴大隱同
大施主張根梅
布施主成玉同

列手
法雲
祖能
熙宝

李守千　參玄
鄭斤金　玄敏
林當　　玄玄
金亇斤乃　仪玄
金成同　卯輝
崇祖

校正
真一　道義

棟扠淡清
執務敏正
軒善海正

26. 釋迦如來行跡頌

분류		傳記_한국찬술
제목사항	권수제	釋迦如來行跡頌
	판심제	如來頌
발행사항		神興寺, 1572年(宣祖 5)
찬술사항		無寄(高麗) 撰集
판형사항		木板本, 2卷2冊 四周單邊, 半郭 18.7×12.6cm, 無界, 10行23字, 內向黑魚尾; 25.4×15.8cm
기록사항	서문	李叔琪述…大元至順庚午(1270)四月日晦巖老人書于柯亭
		天台末學浮庵無寄撰集…天曆元年戊辰(1328)臘月旣望序述云
	발문	天台始祖龍樹大士…時天曆三年庚午(1330)二月八日萬德山白蓮社 沙門豈跋
	간기	隆慶五年辛未(1571)三月日頭流山人金華道人義天書 隆慶六年壬申(1572)孟秋頭流山臣興寺開板
	간행질	施主張斤每 金豊年 趙彦巾 德主裵氏 有難 無心 風德 君非 弓非 眞 養 ■光 乭兮 鶴伊 文巳金 金允淡 朴檢大 鄭貴石 金乙上 李列 張斤石 鶴文 金孔 灵水 乙宝 金世 鄭仁同 末乙上 李太工 朴無赤 李千 山伊 朴万 億年 洪■朴 趙太文 金永之 永發伊 吳破回 乭赤 金永斤 鄭愁里同 洪世碧 安貴 金巨叱山 今節 士悅 天 宝 性觀 宝惠 性明 道仁 世天 学惠 熙宝 法云 英思 公印 月正 處敬 行祖 印岡 敏水 大功德主敬熙 大禪熙悅 大禪弓嘗 大禪云水 大德眞一 釋梅 智仁 海 禪 惠觀 報恩 学澄 智熙 性峻 由情 明会 信和 性覺 得言 無着 敬会 祖淳 惠覺 惠鑑 敬嘗 玉熙 惠澄 宗惠 德巧 灵云 性眞 弓行 道岑 石招 德隣 弓峻 淨水 良暉 尙嘗 崇惠 敬旭 惠眞 印軒 校正義天 成字秩 法云 應浩 大云 智崇 執務秩 智雄 印暉 明暗 宝旭 崇祖 化士攽正
문헌정보 및 사진		국립중앙도서관

笠張介每　文巳金
金豊年　金旡淡　末乙上　石乙赤　世天　道仁
趙疚巾　朴撿大　李太江　金永介　學惠　世天
德正裴氏　鄭賁石　朴旡赤　鄭愁罵　熙宝
有難　金乙上　李千　洪世碧　法云
死心　李列　山伊　安貴　英思
風德　張介石　朴万　金巨叱山　公印
君非　鶴文　億年　今卽　月正
子非　洪夬朴　士悅　如敬
真養　金孔　趙太文　天宝　行祖
十老　靈水　趙太之　性觀　卽同
石乙弓　乙宝　金永之　宝惠
鶴伊　金世　永敬伊　敗水

鄭仁同
吳破回
性明

大功德主敬熙　智熙　敬岑　王峻　校正　義天

大樟熙悅　性峻　玉熙　淨水　成字秩法伝

大樟寺岑　由情　惠澄　良暉　應浩

大樟云水　明会　惠澄　尚岑　大云　智崇

大德真一　信和　宗惠　尚岑

大禪真一　性覚　德巧　崇惠

敕梅　得言　性真　敬旭　執務秩智雄

无着　灵云　惠真　印暉

智仁　敬会　印軒　惠真

海禪　行

惠觀　想淳　道岑　明暗　宝旭

報恩　惠覚　石招　崇祖

学澄　惠鑑　德愷　化士敀正

隆慶六年壬申孟秋頭流山臣興寺開板

27. 誠初心學人文, 發心修行章, 自警序, 皖山正凝禪師示蒙山法語, 蒙山和尚法語略錄

분류		入門_한국찬술 / 중국찬술
제목사항	권수제	誠初心學人文
	판심제	初 / 章 / 自 / 法
발행사항		神興寺, 1579年(宣祖 12)
찬술사항		知訥(高麗) 著
판형사항		木板本, 5編1冊 四周雙邊, 半郭 19.8×13.5cm, 半葉 8行18字, 內向2葉花紋魚尾; 26.8×17.4cm 合刊: 發心修行章, 自警序, 皖山正凝禪師示蒙山法語, 蒙山和尚法語略錄
기록사항	서문	無
	발문	無
	간기	萬曆七年己卯(1579)夏智異山神興寺留鎭
	간행질	粹然 戒祖 坦衍 戒惟 圓裕 勝牛 敬元 自正 普願書 化主性悟
문헌정보 및 사진		동국대 도서관

28. 法集別行錄節要幷入私記

분류		禪書_한국찬술
제목사항	권수제	法集別行錄節要幷入私記
	판심제	私記
발행사항		神興寺, 1579年(宣祖 12)
찬술사항		知訥(高麗) 著, 惟政(朝鮮) 校; 義天(朝鮮) 書
판형사항		木板本, 不分卷1冊 四周雙邊, 半郭 20.0×13.7cm, 無界, 9行20字, 內向黑魚尾; 29.6×18.2cm
기록사항	서문	無
	발문	無
	간기	萬曆己卯(1579)夏智異山神興寺開刊
	간행질	大施主印俊 大施主信英 大施主圓鑑 大選淨源 大選信閨 大選守行 大選太常 敏椎 智岑 元哲 道岑 普明 天玉 学宗 靈奇 德衍 性黙 学能 思允 圓覺 義会 圓敏 行正 天敏 圓應 ㅋ牛 德會 水天 洗尘 正心 志寬 覺惠 宝淡 惠俊 勝戒 智甘 道玄 智■ 敬仁 德仁 祖一 志淡 学連 道一 善修 法融 水嘗 敬悟 印珠 吳彦 文惠 智訓 正昱 仁牛 信軒 智輝 法俊 天違 学和 靈俊 道熙 義澄 敬天 志嘗 印輝 懶牛 中虛 明甘 海云 敏俊 ■允 祖能 信学 天楫 智永 道明 能云 ㅋ順 覺海 玉心 妙衍 守眉 云印 能守 志云 惠远 智甘 信義 宝眞 永守 敬熙 普天 元黙 靈照 天輝 仅修 印淡 宝全 希卜 性云 道仁 弘俊 志熙 贊■ 承祖 惠能 印海 熙彦 惠岑 了明 ㅋ会 戒珠 信淡 正岩 天淡 正修 智熙 性玄 義月 性仁 ㅋ嘗 性熙 性明 依仁 学清 法清 天雄 仅明 惠正 正憶 戒明 信牛 宝岑 戒眞 處正 法雄 戒林 性元 守眞 智祥 ㅋ嘗 普閑 印修 思彦 云奇 性正 靈仁 玉宝 宝月 ■会 趙健刻 趙■■ 吳破回 天上 徐岭 永俊 吳仁 吳九 李戒宗 朴君水 韓末終 從代 斤非 朱圥石 蘇夢 裵■世 萬今 張介 惠巳 執務 一禪 淸远 道仁 粹然 法■ 祖能 丄岑 戒祖 戒根 敬元 敬熙 應浩 尙■ 心月 丄云 法見 應眞 惠英 元宥 尙玄 普嘗 仅英 太■ 碧云 正應 彦兼 玄玉 玉㘅 化主 性悟 別座 戒信 鍊板 淡清 慈印
문헌정보 및 사진		국립중앙도서관

사진

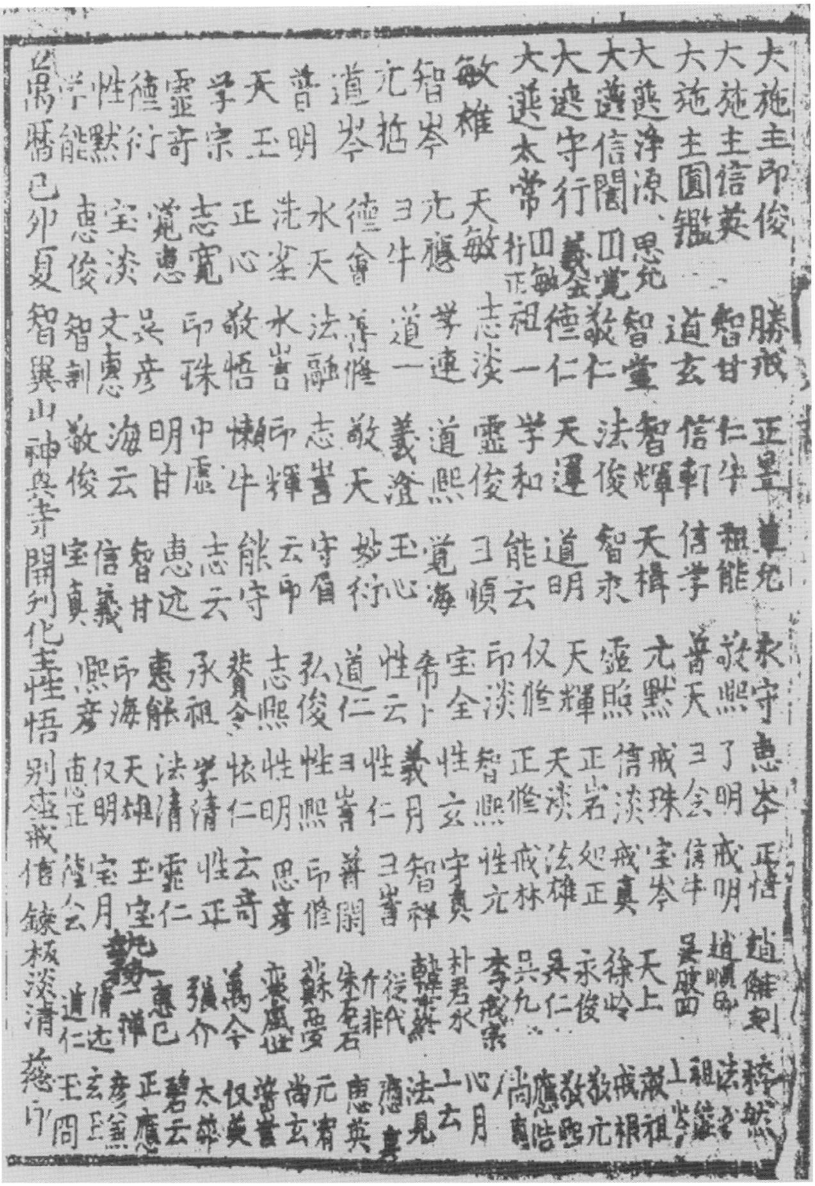
大施主印俊
大施主信英
大施主圓鑑
大施淨源、思允
大施信闇
大施守行
大施太常
敏雄
智岑
允括
道岑
普明
天玉
学宗
靈奇
德行
性默
学能

29. 禪源諸詮集都序

분류		禪書_중국찬술
제목사항	권수제	禪源諸詮集都序
	판심제	都序
발행사항		神興寺, 1579年(宣祖 12)
찬술사항		宗密(唐) 述; 義天(朝鮮) 書
판형사항		木板本, 2卷1冊 四周雙邊, 半郭 20.9×14.0cm, 無界, 9行19字, 內向黑花紋魚尾; 30.0×18.7
기록사항	서문	미상
	발문	無
	간기	萬曆七年己卯(1579)三月日智異山神興寺開刊
	간행질	미상
문헌정보 및 사진		개인

萬曆七年己卯三月日智異山神興寺開刊

禪源諸詮集都序卷下

終南山草堂寺沙門　宗密　述

上之三教攝盡如來一代所說之經及諸菩薩所
造之論細尋法義便見三義全殊　法義別就三
義中第一第二空有相對第三性相相對皆
迥然易見唯第二第三破相與顯性相對講者
者同迷皆謂是一宗一教皆以破相便為真性
故今廣辨空宗性宗有其十異
一法義真俗異　二心性二名異　三性字二體異

30. 妙法蓮華經要解

분류		經疏_중국찬술
제목사항	권수제	妙法蓮華經
	판심제	妙法
발행사항		烟觀寺, 1582年(宣祖 15)
찬술사항		鳩摩羅什(後秦) 奉詔譯; 戒環(宋) 解
판형사항		木板本 四周單邊, 半郭 25.3×16.5cm 無界, 10行18字, 下向黑魚尾; 34.5×22.2cm
기록사항	서문	미상
	발문	미상
	간기	萬曆十年壬午(1582)六月日全羅道南原地智異山烟觀寺開板
	간행질	〈卷1末〉 供養大施主金彩末兩主 開板大施主黃瞻石兩主 一卷大施主金世淳兩主 二卷大施主金風石兩主 三卷大施主姜國兩主 四卷大施主金鶴兩主 引勸大施主心月比丘 末醬大施主崔山兩主 末醬大施主姜國兩主 末醬大施主金忘年兩主 崔呑石兩主 許宗兩主 崔宝捉兩主 李千伊兩主 姜世夆兩主 朴貴令兩主 金戒宗兩主 梁者斤金兩主 末只從兩主 金己里金兩主 李其只同兩主 徐甘同兩主 李大海兩主 申山梅兩主 安風同兩主 崔彦希兩主 布施施主金彦兩主 自淳 智閑 法衍 法見 熙雄 道岑 斗岑 覺海 印元 斗日 天熙 靈邱 刻手秩 印全 坦衍 道明 心月 天云 妙云 信悶 善密 性旹 玄正 德浩 云惠 緣化秩 玉玄 印軒 太全 性眞 行者秩 仁浩 必伊 朴彦成 灵芝 灵印 鍊板元正 別座法筵 供養主法笠 山衲化主信和比丘
문헌정보 및 사진		개인

萬曆十年壬午六月日全羅道南原地智異山烟觀寺開板

世子邸下壽千秋
王妃殿下壽齊年
主上殿下壽萬歲

供養大施主金彩末兩主
開板大施主黃贍石兩主
一巻大施主金世淳兩主
二巻大施主金風石兩主
三巻大施主姜國兩主
四巻大施主金齡兩主
引勸大施主心月比丘
末愴大施主崔山兩主
末愴大施主姜國兩主
末愴大施主金忘年靈

布施施主金彦兩主
崔彦希兩主
山袖化主信和比丘
供養主法笠
別座法蕊

31. 發心修行章, 自警序, 皖山正凝禪師示蒙山法語, 蒙山和尙 法語略錄

분류		入門_한국찬술 / 중국찬술
제목사항	권수제	發心修行章
	판심제	章 / 自 / 法
발행사항		能仁菴, 1603年(宣祖 36)
찬술사항		元曉(新羅) 述
판형사항		木板本, 4編1冊 四周雙邊, 半郭 19.0×13.4cm, 無界, 8行18字 註雙行, 內向2葉 花紋魚尾; 24.5×16.5cm 合刊: 自警序, 皖山正凝禪師示蒙山法語, 蒙山和尙法語略錄
기록사항	서문	無
	발문	無
	간기	萬曆三十一年癸卯(1603)冬智異山能仁菴開刊移鎭雙溪寺
	간행질	大禪師 善修 大禪師 道潛 信棒 圓正 良桃 性圓 道菴 正旭 眞覺 靈芝 玉井 准一 杜明 戒宝 道一 守安 德眞 道菴 慈雲 覺性 圓機 祖軒 懶應 懶黙 宝鑒 信寬 明宝 信明 性徹 智明 窮河 海淳 方湜 玉暹 懷玉 印和 杜仁 杜寬 玄揖 法禪 性修 性熙 行珠 性浩 道洽 義敏 妙圓 敏友 道恩 戒靈 自悅 鍊板 良機 刻字 應俊 惠寬 勝熙 純玉 眞義 玄鑒 坦昱 別座 性祐 作務 海雄 幹善 行淨 湖鏡
문헌정보 및 사진		동국대 도서관

■사진

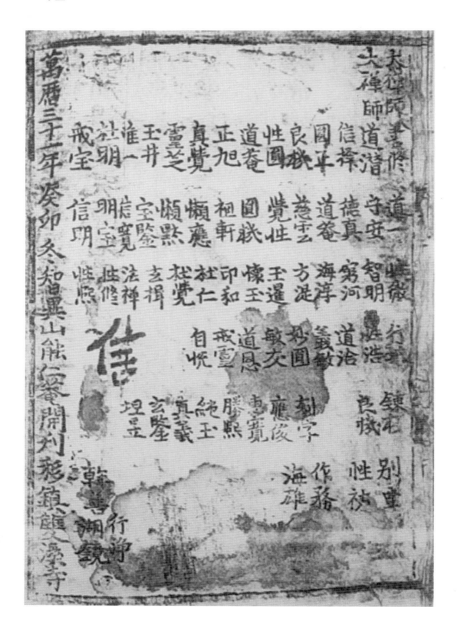

32. 禪源諸詮集都序

분류		禪書_중국찬술
제목사항	권수제	禪源諸詮集都序
	판심제	都序
발행사항		能仁菴, 1603年(宣祖 36)
찬술사항		宗密(唐) 述; 義天(朝鮮) 書
판형사항		木板本, 2卷1冊 四周雙邊, 半郭 19.5×13.7cm, 9行19字, 內向黑花紋魚尾; 30.3×18.6cm
기록사항	서문	裵休 述
	발문	無
	간기	萬曆三十一年癸卯(1603)冬智異山能仁菴開刊移鎭于雙磎寺
	간행질	미상
문헌정보		국립중앙도서관

33. 高峯和尙禪要

분류		禪書_중국찬술
제목사항	권수제	高峯和尙禪要
	판심제	要
발행사항		能仁菴, 1604年(宣祖 37)
찬술사항		高峰(元) 語; 持正(元) 錄; 洪喬祖(元) 編
판형사항		木板本, 不分卷1冊 四周單邊, 半郭 19.0×12.6cm, 無界, 8行18字, 上下花紋魚尾; 27.5×18.0cm
기록사항	서문	至元甲午(1294)···參學直翁洪喬祖謹書
	발문	至元甲午(1294)···朱穎遠謹跋
	간기	萬曆三十二年甲辰(1604)春能仁菴開刊移鎭于雙溪寺
	간행질	大施主 演黙 校正 覺性 刻字 應俊 勝熙 玄鑒 眞義 圓鑒 靈瑞 埋■ 鍊板 良機 作務 圓正 雙淳 天雲 妙圓 會堂 ■順 幹善 行淨 湖鏡
문헌정보 및 사진		국립중앙도서관

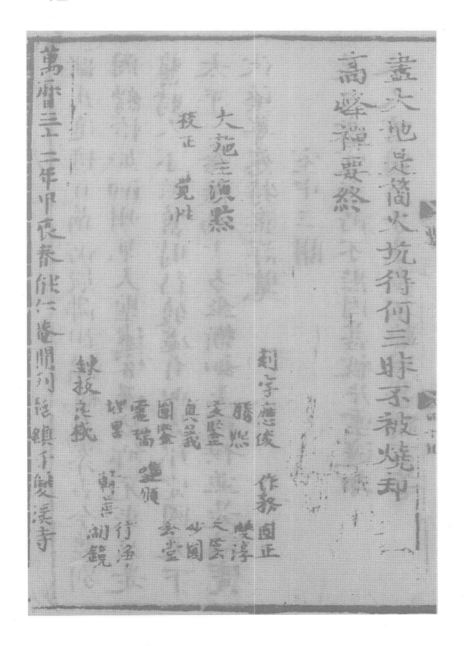

34. 法集別行錄節要幷入私記

분류		禪書_한국찬술
제목사항	권수제	法集別行錄節要幷入私記
	판심제	私記
발행사항		能仁菴, 1604年(宣祖 37)
찬술사항		知訥(高麗) 著; 覺性(朝鮮) 校
판형사항		木板本, 不分卷1冊 四周單邊, 半郭 20.0×14.0cm, 無界, 9行19字, 內向混葉花紋魚尾; 28.8×18.8cm
기록사항	서문	無
	발문	미상
	간기	萬曆三十二年甲辰(1604)春智異山能仁菴開刊移鎭于雙磎寺
	간행질	미상
문헌정보		국립중앙도서관

35. 大慧普覺禪師書

분류		禪書_중국찬술
제목사항	권수제	大慧普覺禪師書
	판심제	書
발행사항		能仁菴, 1604年(宣祖 37)
찬술사항		宗杲(宋) 語; 慧然(宋) 錄; 黃文昌(宋) 重編
판형사항		木板本, 不分卷1冊 四周單邊, 半郭 17.3×13.0cm, 無界, 半葉10行18字, 上下黑魚尾; 28.0×20.0cm
기록사항	서문	無
	발문	…文昌謹白 弟子聞人諒莫淡戴質楊楷超宗道人普覺超然道人淨覺各施財刊版 乾道二年歲次丙戌(1166)八月 勅賜徑山妙喜庵刊行 …洪武二十年(1387)丁卯十月日推誠保節同德贊化功臣壁上三韓三重大匡領藝文春秋館事韓山府院君李穡跋
	간기	萬曆三十二年甲辰(1604)四月 能仁菴開刊移鎭雙溪
	간행질	大禪師 善修 大禪師 道潛 敎判事 法融 大禪師 宝田 大禪師 印寬 大禪師 印悟 靈圭 藏允 宝花 大雄 宝心 判事德雄 省仅 朴終石 金允亨 金同 道圓 校覺性 刻字 太■ 勝徹 道梅 應俊 勝熙 妙環 性玉 淳玉 玄鑑 靈瑞 双淳 坦吳 眞仅 鍊板 良已 會堂 持殿 双淳 ■■ 元淨 妙元 天云 孝浚 化士 湖鏡 行淨
문헌정보 및 사진		동국대 도서관

大禪師善修　宝心
大禪師道洽　判事德雄　首仅
大教判事法藝　科終古
大禪師宝田　金允同
大禪師印寬　金允章
大禪師印悟　道圓
大禪師靈圭
大雄　藏允　宝花　校觉性

列字　靈珪
太　双淳
勝徹　坦具　妙元
道稱　真仅　天云　妙元净
勝熙　庚巳　辛俊
妙環　会堂
娃玉　特殿　化士湖鏡
淳玉　双淳
玄鑑　行净

萬曆三十二年甲辰四月舩仁菴開刊移鎮双溪

36. 妙法蓮華經要解

분류		經疏_중국찬술
제목사항	권수제	妙法蓮華經
	판심제	法
발행사항		能仁菴, 1604年(宣祖 37)
찬술사항		鳩摩羅什(姚秦) 譯; 戒環(宋) 解
판형사항		木板本, 7卷4冊 插圖(變相圖) 四周單邊, 牛郭 20.2×13.5cm, 無界, 10行20字, 無 魚尾; 27.1×17.5cm
기록사항	서문	妙法蓮華經弘傳序…終南山釋 道宣(唐)述 妙法蓮華經要解序…住福州上生禪院嗣祖沙門及南撰…靖康丁未 (1127)暮春中潮日謹序
	발문	無
	간기	萬曆三十二年甲辰(1604)夏能仁菴開刊移鎭于雙溪寺
	간행질	〈卷3末〉 海瓊記付 金万吐兩主 加應伊金兩主 文益兩主 黃世兩主 大施主卜之靈駕 宝陪兩主 朴天叱金兩主 千秀同兩主 愁里兩主 大施主朴従石兩主 正月兩主 金定億伊兩主 宋彦従兩主 內卩介兩主 大施主金允亨兩主 李㤮孫兩主 金繼宗兩主 金貴心兩主 礼永兩主 大施主綵文比丘 朴春兩主 貴非兩主 李貴仁兩主 福德兩主 大施主金山兩主 權守兩主 龍鳳兩主 注叱德兩主 俠非兩主 丁春守兩主 金吊成兩主 白非兩主 朴巨正兩主 銀介兩主 甘德兩主 金行眞兩主 張好信兩主 尸無金兩主 宋同兩主 申愁延兩主 金公伊兩主 鳳非兩主 仍叱同兩主 春德兩主 鄭元悟兩主 奉春兩主 李多勿比兩主 金進玉兩主 奉致兩主 白玉兩主 朴斤貴兩主 姜奇守兩主 金延守兩主 隱介兩主 崔好卜兩主 古音代兩主 劉玉金兩 主 河㤮同兩主 㤮介兩主 鄭仅光兩主 億代兩主 金自兩主 李鶴龍兩主 李仁貴兩主 鄭仅守兩 主 開乙金兩主 金食之兩主 冬至兩主 張德夫兩主 文彦光兩主 俊石 兩主 艻友兩主 奉伊兩主 金延守兩主 羅石崇兩主 李應世兩主 丁春 守兩主 許大守兩主 㤮德兩主 文大祿兩主 梁俊丁兩主 玉礼兩主 李 鶴兩主 劉論世兩主 前叱其乃灵駕 張巨叱金兩主 林彦良兩主 金得 守兩主 李貴子兩主 金㤮守兩主 業伊兩主 金㤮致兩主 德只兩主 朱 奉守兩主 莫介兩主 䇂云之兩主 宝非兩主 金億卜兩主 春德兩主 朴

粟兩主 無己兩主 億代灵駕 金卜令兩主 石代兩主 河應灵駕 莫德兩
主 春介兩主 姜聰之兩主 朴大卜兩主 良鐵成兩主 吊孫兩主 守背兩
主 宣七孫兩主 金青三兩主 吳自云灵駕 注叱同兩主 金老赤兩主 金
万延兩主 許千友兩主 吳白云兩主 趙大年兩主 宝代兩主 仍叱壯兩
主 朴貴世兩主 孔恭致兩主 趙岳正兩主 朴木守兩主 注叱德兩主 李
知貴兩主 金允卜兩主 金宗兩主 勿乙介兩主 永男兩主 姜德上兩主
李千命兩主 金億年兩主 守德兩主 金從万兩主 孫永男兩主

〈卷4末〉

大禪師元徹 天照 印朱 日晧 法能 德惠 德均 能敏
海和 德內 日惠 覺淳 日映 戒祥 道禪 弘敏 智大
大雄 靈芝 道惠 學俊 懶忍 靈雲 處仁 智敏 勝全
德雄 彥宝 戒圓 釋熏 守珠 玄敏 性祐 敬云 德浩
省珠 勝圭 淨行 道鑒 智全 純眞 敬淳 義浩 默會
法聰 大田 正凝 靈義 學信 覺明 義英 弘印 尙彥
靈元 淸遠 祖日 如俊 勝海 天印 義浩 日云 信守
覺性 靈祐 明見 性敏 英印 智秀 雪淳 懶融 戒環
崇宝 智觀 淸遠 玄印 衍黙 日軒 戒宝 天鑒 淸守
智崇 惠澄 戒一 敬齊 義禪 守安 釋敬 元明 尙俊
一雄 德仁 惠寂 淳玉 方淲 宝熏 天如 明秀 善正
省義 印天 釋明 印朱 智應 大義 瑞根 道全 三嚴
義仁 可寬 性眞 法靈 窮河 繁敬 妙澄 道澄 崇懷
戒菴 戒環 元林 戒明 道允 釋崇 守澄 戒照 義明
淨仁 信贊 淸日 印三 勝禪 義浩 智行 剋熙 法舡
靈珠 慈印 徹雄 大湖 玄眞 天暉 應均 玄允 靈秀

〈卷5末〉

金順連兩主 金公孫兩主 金億耳兩主 勝天 能宝 印宝
呂乙屎兩主 吳世斤兩主 陶起烟兩主 楚允 杜明 印談 梁彥布兩主
金泗衡兩主 內ㄱ德兩主 金氏保体 天學 崇印 天祐 羅小元兩主
朴彥世兩主 看吐兩主 延德保体 弘印 義敏 戒岩 李世兩主
金特兩主 李萬布兩主 安之保体 能淨 懶黙 敬潛 莫進兩主
朴明守兩主 代里金兩主 申命元兩主 勝暹 道岩 印鑑 趙苏同兩主
金弼守兩主 德俊

金公伊兩主 亏音花兩主 金岩會兩主 登秀 性徹 釋明 朱紅頻兩主
同叱介兩主 內卩伊兩主 車延木兩主 寬印 玉岑 敬連 朴末乙平兩主
朴斗參兩主 盈石老兩主 朴僉祥兩主 戒環 慈雲 天鑑 朴戒祥兩主
彥花保体 注叱介兩主 文同兩主 玉玄 守仁 義眞 吳德守兩主

		金億福兩主 徐遠川兩主 雨非兩主 隱浩 道瓊 會贊 安千守兩主 銀合兩主 李石金兩主 二上兩主 信玄 大英 敬禪 愛男保体 金論金兩主 藏會兩主 金點西兩主 雪黙 勝天 信澤 景男保体 金命億兩主 里代兩主 金忠九兩主 智仁 天淨 禪敏 崔有世兩主 命代兩主 物乙介兩主 朴成天兩主 □宝 仙隱 能日 丁必孫兩主 銀月兩主 㐂從兩主 崔丁仁兩主 印和 信玄 弘玉 朴連兩主
		〈卷7末〉 覺性校 大施主良機 淳眞 戒浩 崔有世 五十同 刻字 性軒　　鍊板 大施主雙淳 祖軒 玄淡 盧彦右 形忠世 寬印 祥楫　　良機 大施主金點世 義贊 尙淳 朴順春 朴希文 虛觀 淳玉 會堂 大施主梁彦種雲思 仁元 金乭石 許才　　大華 玄鑒 別座 鄭君自 坦熙 玄元 裵莫山 奴春仅 義浩 日浩 圓淨 智雄 能了 大澄 姜末致 億代　　勝徹 虛瑞 作務 義淨 尙彦 五月 㐂婢 金孔伊 道梅 道修 行珠 大禪師學俊 敬金 銀代 梁思卜 李無進 正宝 雪澄 天雲 　善修雲釋 性熙 姜內ㄱ同 戒花 貴希 眞淨 眞義 妙元 大禪師玉井 智勳 松介 畢花 莫德 應俊 坦昱 慈印 大禪師慈雲 惠全 李仁浩 大德 許大元 勝熙 應信 大禪師惠遠 覺性 孔孫 許文 鄭彦水 義雄 印和 大禪師信明 敬會 義哲 金千億 守介 覺性 大禪師道潛 丁彦 朴必南 孫仁弼 論德 覺玄 法熙 幹善 行淨 湖鏡
문헌정보		지리산권문화연구단 자료총서07: 지리산권 불교자료1

37. 請文

분류		儀禮_한국찬술
제목사항	표제	諸般文
	판심제	請文
발행사항		能仁菴, 1604年(宣祖 37)
찬술사항		미상
판형사항		木板本 四周單邊, 半郭 22.3×17.5cm, 有界, 8行15字, 內向黑魚尾
기록사항	서문	미상
	발문	미상
	간기	萬曆三十二甲辰(1604)夏 智異山能仁庵開板
	간행질	미상
문헌정보		지리산권문화연구단 자료총서07: 지리산권 불교자료1

38. 水陸無遮平等齋儀撮要

분류		儀禮_한국찬술
제목사항	권수제	水陸無遮平等齋儀撮要
	판심제	미상
발행사항		能仁菴, 1604年(宣祖 37)
찬술사항		미상
판형사항		木板本 四周單邊, 半郭 27.3×20.5cm, 有界, 半葉 7行17字, 內向黑魚尾; 35.6×24.5cm
기록사항	서문	無
	발문	無
	간기	萬曆三十二甲辰(1604)七月日慶尙道晉州地智異山能仁庵開校
	간행질	미상
문헌정보 및 사진		동국대 도서관

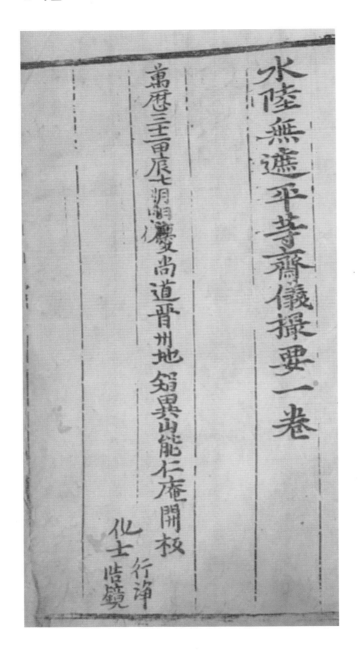

水陸無遮平等齋儀撮要一卷

萬曆三十二甲辰七月朔日 慶尚道晋州地 智異山能仁庵開板

化士 皆鏡
行浄

39. 天地冥陽水陸齋儀纂要

분류		儀禮_한국찬술
제목사항	권수제	天地冥陽水陸齋儀纂要
	판심제	中
발행사항		能仁菴, 1604年(宣祖 37)
찬술사항		竹庵(高麗) 編
판형사항		木板本, 1卷1冊 四周單邊, 半郭 27.3×20.5cm, 有界, 半葉 7行17字, 內向黑魚尾; 35.6×24.5cm
기록사항	서문	無
	발문	無
	간기	萬曆三十二甲辰(1604)七月日 慶尙道晉州地智異山能仁庵開板
	간행질	化士 行淨 浩鏡
문헌정보 및 사진		개인

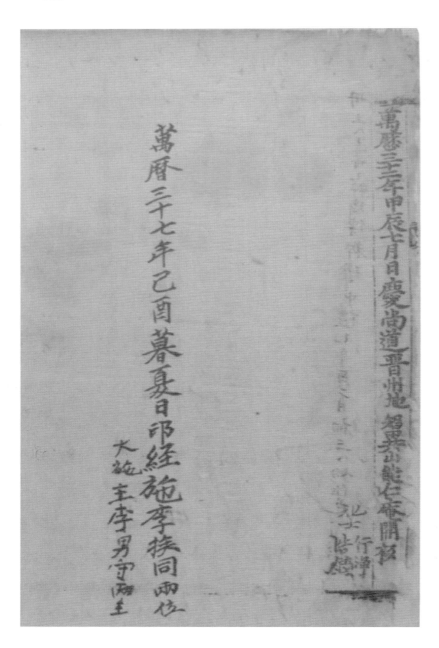

40. 圓頓成佛論, 看話決疑論

분류		禪書_한국찬술
제목사항	권수제	圓頓成佛論
	판심제	論
발행사항		能仁菴, 1604年(宣祖 37)
찬술사항		知訥(高麗) 著
판형사항		木板本, 2篇1冊 四周單邊, 半郭 17.2×12.2cm, 10行20字, 上下內向黑魚尾; 24.8×15.9cm 合刊: 看話決疑論
기록사항	서문	無
	발문	…時貞祐三年乙亥(1215)五月日無衣子慧諶
	간기	萬曆三十二年甲辰(1604)秋能仁菴開刊移鎭雙溪寺
	간행질	大禪師 善修 大禪師 道潛 大禪師 玉井 善行 德珠 印淨 隱悟 英敏 靈鑒 花뿜 刻手 寶安 道梅 眞淨 一沾 淳玉 印花 別座 圓淨 養供主 行珠 幹善 行淨 湖鏡
문헌정보 및 사진		동국대 도서관

大禪師　善敬
大禪師　道澯
大禪師　玉井
善行
德珠
印淨
隱悟
英敏
靈鑒
花習

別坐
圓淨
列手
寶安　養供主
道稜
真淨　行珠
一冶
淳玉
印禅
行淨
幹善　湖鏡

萬曆三十二年甲辰秋能仁菴開刊移鎮雙溪寺

41. 大方廣圓覺修多羅了義經

분류		經疏_중국찬술
제목사항	권수제	大方廣圓覺修多羅了義經
	판심제	圓覺經
발행사항		能仁菴, 1611年(光海君 3)
찬술사항		佛陀多羅(唐) 譯; 宗密(唐) 述
판형사항		木板本, 6卷5冊 四周單邊, 半郭 26.0×20.5cm, 有界, 9行16字, 上下內向3葉花紋 魚尾; 34.7×25.5cm
기록사항	서문	皇宋康定二年辛巳(1041)思齊/裵休
	발문	미상
	간기	萬曆三十有九年辛亥(1611)之夏智異山能仁庵刊移鎭于雙溪焉
	간행질	〈卷1末〉 國一都大禪師覺性 寺 玉明 惠倫 熙云 德燐 彦玄 灵侃 慈允 判司 玉修 敬燐 惠安 戒林 彦海 妙還 性湖 妙俊 判司 印澄 釋隆 德灵 學敏 熙見 海心 法還 慈軒 通政大夫■祐 勝閑 敬性 彦明 妙岩 楚正 勝李 思卜 智英 性惠 守仁 惠空 坦行 楚文 弘溫 義哲 明哲 性覺 斐欠 ■訥 仲亮 印自 怀直 太和 法贊 ■遠 一輝 仲活 戒特 性珠 戒宗 道性 元甘 ■敏 一軒 斗安 性云 天順 双會 ㄱ玉 ■海 坦一 竺ㄱ 戒連 敬輝 一尙 敏熙 ㄱ梅 ■■ 溫■ 慈云 玉湖 ■甘 淸允 義倫 ㄱ悟 ■李 明甘 天敏 淸特 一應 處安 三海 一■ 印奇 彦圭 仪式 正Ⅲ 行淳 元惠 坦海 尙熙 釜玉 思正 天冾 碩梅 義雄 印戒 宏湿 勝熙 印軒 敬訥 楚戒 仪寬 坦宝 熙善 道均 智玄 印敏 釜性 楚元 戒仁 印岑 道仅 性澄 慈敏 車閉 仪心 戒贊 仪湖 思印
		〈卷5末〉 定略將軍權百鈞灵加朴末生兩主 李氏 安千世 李■加 金先男 綠化秩 方板大施主李京旭 全云陪兩主 命代 羅紅 愛今 韓汗陪 飯頭 玄甘

		厾介 丁冬乙里兩主 厾介 金厾守 姜生 金 ■ 熟頭 信親
		供券大施主全仇叱金 曾允卜兩主 尹洪男 金億世 斤心 黃乭屎 秀眉
		布施大施主旺舟卜 李春卜兩主四月 河云立 朴貴生 莫介 後安
		布施大施主尹希文 春合 保体 桿知 先介灵加 申紅 李成春 省均
		四階保体 汗春 保体 李談金 長右知 金文害 夫化 鍊板 摩訶
		李希必 田香保体文之灵加崔許叱文里姜男 李德成 解空
		金風世 朴介好兩主 梁龍 金元年 姜冬乭屎禮成 智正 法能
		金大石 希今 保体 金從天 朴占伊 汗之灵加 金閔石 尙信 法淡
		文礼孫 洪茂生兩主 朴守卜 日 甘 金內ㄱ斤 金年卜 仅均
		金文里孫 金順卜兩主 崔彦世 白碧石 汗年 申億守 栲殿玉暹
		孫五世 李法田 兩主 朴業金 李汗卜 金失玄 李卜礼 別座 祖松
		內ㄱ伊 三介保体 金厾從 任冬乙Ⅲ 鄭天介 奴里介 草彦
		允今 烹板釜化主 崔盇兩主 助緣 玉暹
		法日 化主性林
		李乭屎 末醬化主安元亨兩主 天宝
	문헌정보	국립중앙도서관 지리산권문화연구단 자료총서07: 지리산권 불교자료1

42. 禪門寶藏錄, 禪門綱要集

분류		禪書_한국찬술
제목사항	권수제	禪門寶藏錄
	판심제	禪
발행사항		能仁庵, 1611年(光海君 3)
찬술사항		天頙(高麗) 撰
판형사항		木板本, 2編1冊 四周單邊, 半郭 17.8×12.7cm, 無界, 10行20字, 白口, 內向黑魚尾; 24.5×16.6cm 合刊: 禪門綱要集
기록사항	서문	羌夫我迦文…海東沙門內願堂眞靜大禪師天頙蒙且序至元 卅年癸巳(1293)十一月日也
	발문	禪門寶藏錄　卷末:　詳夫禪是佛心教是佛語…至元三十一年甲午(1294)三月日夢庵居士奉翊大夫副知密直司事國學大司成文翰學士承旨李混跋
		禪門綱要集 卷末: 客訪余余出此二解示之…於是乎書
	간기	萬曆三十九年辛(1611)夏智異山能仁庵刊移鎭于雙溪寺
	간행질	化主性林
문헌정보 및 사진		담양 용흥사

■ 사진

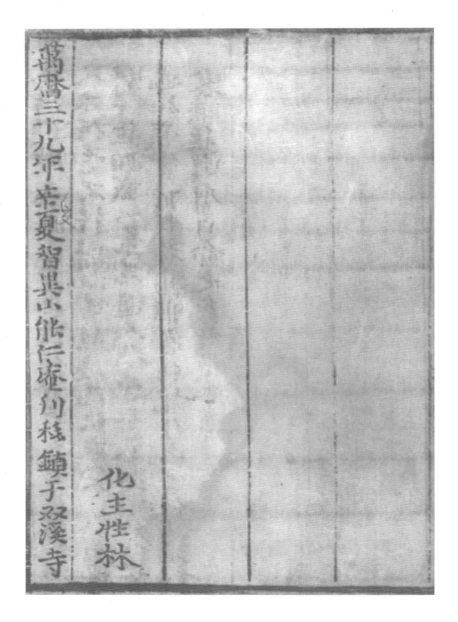

萬曆三十九年 季夏 智異山 能仁庵 刊板 鎮于 雙溪寺

化主性林

4. 地藏菩薩本願經

분류		經藏
제목사항	권수제	地藏菩薩本願經
	판심제	地
발행사항		碧松庵, 1617年(光海君 9)
찬술사항		法燈(唐) 譯
판형사항		木板本, 3卷1冊 變相, 四周單邊, 半郭 17.4×13.4cm, 無界, 10行16字, 上下內向 花紋魚尾; 27.4×18.0cm
기록사항	서문	及南 撰…嘉慶二年(1617)朝月日海東後學家庵眹穎和南
	발문	無
	간기	嘉慶二年丁巳(1617)六月日慶尙道咸陽碧松庵刊板移鎮于安義縣靈 覺寺
	간행질	大施主秩 幼學金遇海兩主 禪德比丘文益 嘉善比丘就奎　再芸偉札 翫巖堂綵絹 碧波堂念賢 日峰堂遇旻 華峰堂印悟 鍊板大輝 華杳 彰念 心贊 信訓 助緣秩 鏡巖應允 中菴四咸 平山慶圓 懶庵警愚 刻秩 韓邦喆 金與興 比丘而倬 奉有 就棋 藏暎 李聖太 比丘 取澄 宝札 頓宥 金聖得 僧就洽 金用淂 裵尙淂 僧策守 華瑞 頓瑀 頓信 日佑 佑俠 時演 華俊 儀朋 興得 白柵 化主 慧月沃印 別座 幸澄 華杳 供養主 法察 浩恩 佑仁
문헌정보 및 사진		개인

大施主秋　鍊板大輝　刻秋　比丘取澄　頓玉

頓信瑀

幼學金過海兩主　華杏　韓邦喆　宝札　頓信佑日

禪德比丘文益　彰念　金興與　金聖得　時佑　佑俠

嘉善比丘就奎　心賁　比丘而俘　奉有　僧就冶　僧用浮　筆俊

再芸　偉札　信訓　蔵暎　李聖太　金用浮　儀朋　興得

龜嵒堂綵絹　鏡嵓嚴應允　助緣秋　李聖太　華瑞　僧襄象宇　白捌

碧波堂念賢　中菴四咸　化主慧月淡印　別座幸澄　華杏　佑仁

日峰堂趯是　平山慶圓　懶庵警愚　供養主法察活思

華峰堂印悟

嘉慶二年丁巳六月日慶尚道咸陽碧松庵刊板移鎭于安義縣靈覺寺

44. 靑梅集

분류		文集_한국찬술
제목사항	권수제	靑梅集
	판심제	靑梅集
발행사항		靈源寺, 1636年(仁祖 11)
찬술사항		印悟(朝鮮) 著
판형사항		木版本, 2卷1冊 四周單邊, 半郭 20.5×14.5cm, 有界, 半葉 9行16字, 註雙行, 內向3葉花紋魚尾; 30.7×19.6cm
기록사항	서문	少也竊慕…崇禎辛未(1631)臘後一日月沙老人書
	발문	靑梅大師詩文跋…崇禎辛未(1631)暮春下浣彙人錦城寄齋書 物不自生…後來崇維
	간기	崇禎六年癸酉(1633)三月日智異山靈源弟子雙運謹誌
	간행질	無
문헌정보		동국대 도서관

45. 妙法蓮華經要解

분류		經疏_중국찬술
제목사항	권수제	妙法蓮華經
	판심제	法
발행사항		君子寺, 1636年(仁祖 14)
찬술사항		鳩摩羅什(姚秦) 譯; 戒環(宋) 解
판형사항		木板本, 7卷7冊 變相 四周單邊, 半郭 21.7×15.9cm 有界, 8行13字, 上下內向黑魚尾; 31.6×19.5cm
기록사항	서문	妙法蓮華經弘傳序…終南山釋 道宣(唐)述
		妙法蓮華經要解序…前住福州上生禪院嗣祖沙門及南撰…靖康丁未(1127)暮春中澣日謹序
	발문	無
	간기	崇禎九年丙子(1636)七月日慶尙道咸陽智異山君子寺開刊
	간행질	禪德 戒翼比丘 金弼兩主 德礼兩主 尹已元兩主 申伐湯兩主 釋文比丘 知寺 太昌比丘 三宝 戒禪比丘 刊局 禪贊比丘 鍊板 性暉比丘 道甘比丘 助役 戒眞比丘 戒俊比丘
문헌정보 및 사진		팔공산 동화사

■사진

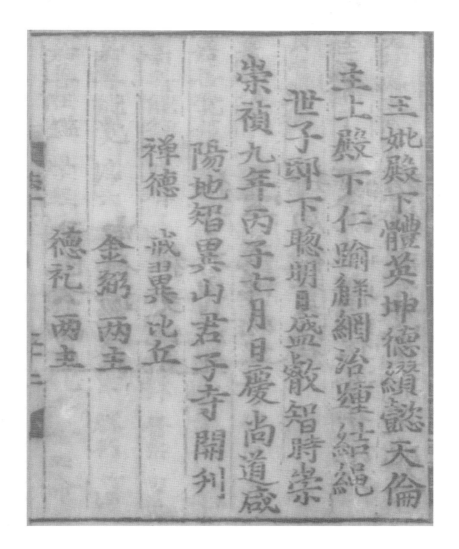

王妣殿下體英坤德纉懿天倫
亞上殿下仁踰解綱洽睡結縄
世子邸下聰朗盛上敎智時崇
崇禎九年丙子七月日慶尚道咸
陽地智異山君子寺開刊
禪德　戒異比丘
金絲　兩主
德礼　兩主

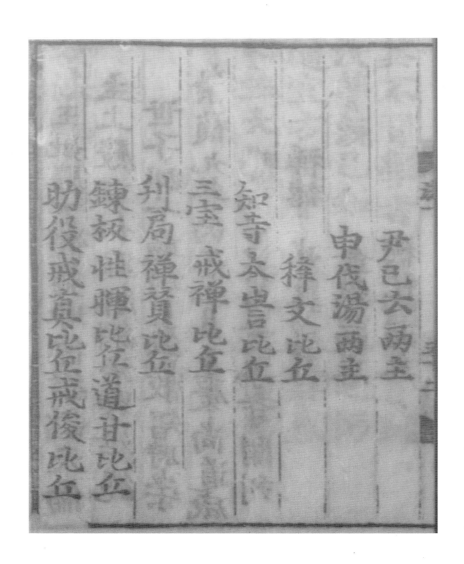

尹巳去兩主

申伐湯兩主

釋文比丘

知寺本當比丘

三宝戒禪比丘

刊局禪賀比丘

鍊板性輝比丘 道甘比丘

助役戒真比丘 戒後比丘

46. 天地冥陽水陸齋儀纂要

분류		儀禮_한국찬술
제목사항	권수제	天地冥陽水陸齋儀纂要
	판심제	中
발행사항		甘露寺, 1636年(仁祖 14)
찬술사항		竹庵(高麗) 編
판형사항		木板本, 1卷1冊 四周單邊, 半郭 24.5×20.6cm, 有界, 7行17字, 註雙行, 內向花紋 魚尾; 35.6×25.3cm
기록사항	서문	無
	발문	無
	간기	崇禎九年丙子(1636)月日全羅道南原智異山甘露寺開板
	간행질	契中秋 首三玄比丘 性訓 敬玉 敬信 敬訓 印雄 天應 玄日 太准 信淡 淨行 天印 玉禪 印海 尙⑪ 尙圭 勝日 信准 覺海 德璘 信明 仅岩 元圭 元益 持寺 道修 持殿 惠雲 鍊板刊 淨行 玄莊 三綱 學禪
문헌정보 및 사진		담양 용흥사

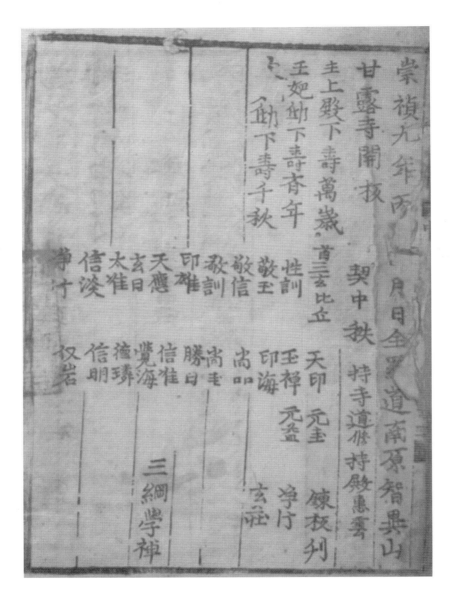

47. 勸念要錄

분류		儀禮_한국찬술
제목사항	권수제	勸念要錄
	판심제	勸念錄
발행사항		華嚴寺, 1637年(仁祖 15)
찬술사항		普雨(朝鮮) 撰
판형사항		木板本, 不分卷1冊 四周單邊, 半郭 20.5×16.3cm, 有界, 9行16-19字, 註雙行, 上下 內向3葉花枚黑魚尾; 26.8×20.6cm
기록사항	서문	無
	발문	無
	간기	崇德二年(1637)秋七月初吉日求禮地華嚴寺開刊
	간행질	自施刊 海淳比丘
문헌정보 및 사진		규장각한국학연구원 고양시 원각사

48. 水陸無遮平等齋儀撮要

분류		儀禮_한국찬술
제목사항	권수제	水陸無遮平等齋儀撮要
	판심제	미상
발행사항		甘露寺, 1638年(仁祖 16)
찬술사항		미상
판형사항		木板本 四周單邊, 半郭 27.3×20.5cm, 有界, 半葉 7行17字, 內向黑魚尾; 35.6×24.5cm
기록사항	서문	無
	발문	無
	간기	崇禎十一年戊寅(1638)十二月日全羅道南原府一智異山甘露寺開刊
	간행질	미상
문헌정보 및 사진		개인

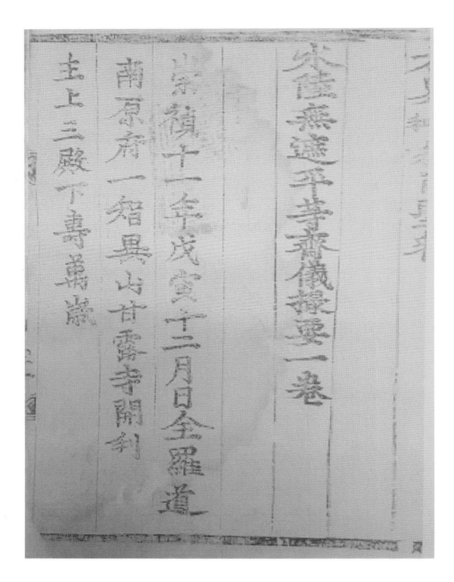

崇禎十一年戊寅十二月日全羅道

南原府 一名異山甘露寺開刊

主上三殿下壽萬歲

大倉無遮平等齋儀撮要一卷

49. 釋迦如來成道記

분류		傳記_중국찬술
제목사항	권수제	釋迦如來成道記
	판심제	成
발행사항		燕谷寺, 1655年(孝宗 6)
찬술사항		王勃(唐) 著; 道誠(唐) 註; 崔育千(宋) 述
판형사항		木板本, 不分卷1冊 四周單邊, 半郭 20.1×14.8cm, 有界, 11行19-20字, 內向2葉花紋魚尾; 25.8×18.3cm
기록사항	서문	註釋迦如來成道記序 朝奉郎守尙書郞中分司兩京柱國崔育千述…時大宋景祐元年(1034)仲春旣望序
	발문	無
	간기	順治十二年乙未(1655)夏智異山燕谷寺開板
	간행질	國一都大禪師覺性 禪德一雄 禪德勝海 禪德智演 禪德 慧寬 自信 仁澤 惠試 如印 玄照 敬学 戒粲 英徽 望敬 笁閑 釋宗 海明 月林 廣惠 元坦 希洽 道天 印暹 善行 印器 幸淳 一森 敬軒 一輪 信安 呂林 性演 玄悟 一灵 會明 天印 善裕 学軒 道眞 道明 勝演 善熙 性隣 德器 德湖 眞勒 處远 惠賛 李貴世 李壬生 李承白 朴士男 孫以明 金德男 孫淑男 金河云 姜丁男 金於屯 張大立 李波回 白云山 鍊板 神應比丘 刻字 笁信比丘 英益比丘 書寫 明晏比丘 供養主 守學比丘 化主 道英比丘
문헌정보 및 사진		고양시 원각사

夾註成道記 終

順治十二年乙未夏智異山燕谷寺開板

都大禪師覺性

禪德一雄　月林　一天　李士生　朴貴生

禪德勝海　廣明　會明　李永白

禪德智演　无坦　天印　朴士男

禪德慧寬　希谷　善松　金德男

自信　道天　道明　金河男

仁淨　印運　道明　孫淑男

惠甘　善行　勝次　金河云

如甲　印君　寬照　孫汝明

玄學　一幸　姓惇　金延云

敎學　一軒　德完　姜丁男

戒嚴　炎軒　德完　金茂屯

英珠　信安　德湖　雍大立

望洞　一輪　真远　奉士波云

空洞　呂林　惠勤　白云山

叙宗　姓濱　惠覚

錬板　神應比丘

刻字　坐信比丘　英益比丘

書寫　明安比丘

供養主　守學比丘

化主　道英比丘

50. 任性堂大師行狀

분류		傳記_한국찬술
제목사항	권수제	任性堂大師行狀
	판심제	行狀
발행사항		七佛寺, 1657年(肅宗 6)
찬술사항		處能(朝鮮) 撰
판형사항		木板本, 不分卷1冊 四周單邊, 半郭 19.8×15.0cm, 無界, 半葉 7行12字, 無魚尾; 30.0×18.7cm
기록사항	서문	無
	발문	余按釋…丁酉(1657)淸和旣望何有■白谷道人謹再拜書于方丈之七佛庵中云
	간기	無
	간행질	任性大師法嗣 智禪 志勤 覺敏 惠遠 智黙 性賢 圭習 天勝 玉琳 義嚴 德忍 神暉 德興 行修 靈運 熙感 靈感 性修 法心 惟勝 信菴 解淨 敬解 王+疑律 淨凝 信玄 戒云 太忠 忠泂 明遠 戒宗 道皿 德宝 勝信 戒一 義元 戒玄 義圭 法印 助緣秩 乃雄 智衍 玄哲 閑云 崇解 淨悟 法英 天應 慈運 敬雷 淸元 智心 天云 性融 淨能 熙玉 淨一 有經 惠學 雷花 玄寬 印淨 德海 德應 惠暉 三學 戒罔 敬閑 智行 刻字 懷一
문헌정보 및 사진		동국대 도서관

任性大師法嗣

智禪

志勤 覺敏 惠遠 智賢 性習 天勝 玉林 義嚴 德忍

柳暉

德興 行修 靈運 靈感 照感 法心 惟勝 信卷 解淨

助緣秩

敬解 班律 淨竒 信云 戒云 太忠 忠洞 明達 戒宗 道印 德宝

法印 戒玄 義玄 義元 戒一 勝信

乃稏 玄拈 智行 開云 崇解 淨悟 法悟 天英 慈應 敬菌 淸元 智心 天二 性頭

净解 照玉 净鈺 惠學 雲衣 玄宛 印净 德海 德應 惠輝 三尊 戒開 敬行 智行 利字懷一

51. 妙法蓮華經要解

분류		經疏_중국찬술
제목사항	권수제	妙法蓮華經
	판심제	妙法
발행사항		安國寺, 1685年(肅宗 11)
찬술사항		鳩摩羅什(姚秦) 譯; 戒環(宋) 解
판형사항		木板本, 7卷7冊 四周單邊, 半郭 22.8×16.3cm, 無界, 半葉 8行13字, 白口, 上下下向黑魚尾; 33.2×21.3cm
기록사항	서문	妙法蓮華經要解序 及南 撰…靖康丁未(1127)暮春中澣日謹序
	발문	康熙二十四年乙丑(1685)五月日 蓬萊山人楓溪謹跋
	간기	康熙二十四年乙丑(1685)仲夏日 慶尙道咸陽地智異山安國寺新刊留鎭
	간행질	〈卷1末〉 供養大施主 宗和比丘記府 亡父吳屹立亡母毛乙老兩主灵駕 鐵物大施主朴希卜兩主印玄比丘 板子施主 守元比丘 覺熙比丘 琢浩比丘 惟湜比丘 淨賛比丘 李一先兩州 覺雲比丘 施主曹廷赫兩州 姜英進兩主 姜希望兩主 姜連哲兩主 李守命兩主 金海守兩州 鄭守昌兩主 蘇二奉兩主 金淡沙里兩主 金弘一兩主 鍊板 能远比丘 供養主 海英 冲盒 別座 元莊 大化士 信涵 副化士 陳戒 洎 引勸文安比 三綱 淨海 德眞 文軒 時和尙通改 坦機比丘 持處信寬 刻字秩 禎坦 朴必云 尹海 自修 善淡 善亶 宗遠 法棆 振英 性特 應岩 綵侃 順一 校正 竹溪堂大師僧絢
		〈卷3末〉 板施主 卓浩 比丘
		〈卷4末〉 板施主 印淡 比丘
		〈卷5末〉 五卷大施主 宗和比丘 記府 亡父吳屹立灵駕 母乙老兩主灵駕

		〈卷7末〉 大禪師律戒比丘 通政全一奉兩主 廣云比丘 大德明定比丘 卓峻比丘 元鑑比丘 大德復還比丘 通政冲侃比丘 自欽比丘 明眼比丘 冲悅比丘 思悟比丘 哲倫比丘 懷律比丘 道澄比丘 妙闍比丘 沙瑠比丘 卓瓊比丘 印淡比丘 通政梁春龍兩主 施主秩 姜義邦兩主 白愛另兩主 嘉善李大元兩主 處雄比丘 天瑠比丘 尙俊比丘 灵卞比丘 休仁比丘 金尙必兩主 海澄比丘 智明比丘 宋礼奉兩主 通政竺明比丘 嘉善一宗比丘 海均比丘 天思比丘 通政林仁達比丘 極玄比丘 通政一香比丘 本寺老德惠天比丘 本寺老德義天比丘 前和尙嘉善訂戒 前和尙一謙 校正竹溪堂大師僧絢比丘
	문헌정보	지리산권문화연구단 자료총서07: 지리산권 불교자료1

52. 大方廣佛華嚴經疏鈔(卷60之1-2, 卷61-62, 卷63-64, 卷65-66, 卷67-69, 卷73-75, 卷73-75, 卷76-77, 卷78-80)

분류		經疏_중국찬술
제목사항	권수제	大方廣佛華嚴經疏鈔
	판심제	華嚴疏鈔
발행사항		大源庵, 1690年(肅宗 16)
찬술사항		實叉難陀(唐) 譯; 澄觀(唐) 撰述
판형사항		木板本, 19卷8冊(全80卷 中 卷60之1-2, 卷61-62, 卷63-64, 卷65-66, 卷67-69, 卷73-75, 卷76-77, 卷78-80) 四周雙邊, 半郭 21.5×13.9cm, 有界, 10行20字, 上下向花紋魚尾; 31.1×20.5cm
기록사항	서문	無
	발문	無
	간기	卷60之1-2: 康熙二十九年庚午(1690)四月日 慶尙道晋州智異山大源庵刻成 移貯于金華山板堂
		卷61-62: 大源庵刻成
		卷63-64: 庚午(1690)仲夏大源庵刻成
		卷65-66: 大源菴刻成
		卷67-69: 庚午(1690)夏智異山大源庵刻成
		卷73-75: 庚午(1690)夏大源菴刻成
		卷76-77: 康熙二十九年庚午(1690)孟夏 慶尙道晋州西智異山大源庵刻成移貯于金華山藏中
		卷78-80: 智異山大源庵刻成 / 後跋末: 慶尙道晋州智異山大源庵刻成
	간행질	〈卷60之1末〉 金應每 金應良同爲父金貴福施板鹽 金以世爲母應介施食鹽 比丘雲卷自捨竝募 比丘祖惠自捨竝募 比丘天雲募緣共成圓滿此卷 緣化 比丘玉璘 靈憲 瑞應 祖閑 玉林 楚學 尙澄 懷善 信士鄭仁得 一閑 瑞衍 孝一 典座 瓊軒 證明 大均 校正 尙淸
		〈卷60之2末〉 比丘透三領募衆緣刻此一卷伏願 諸佛菩薩冥加 世世生生以文殊之智 導普賢之行 當證毘盧遮那之果

		〈卷61末〉 金加音未 女守禮 張貴山 金福龍 金海龍 上末醬 魚弘達 林南 上淸蜜 附助檀越 比丘思盒 趙先立 朱風日 金種金 坦摠 卓明 戒明 尙淸校對 伏願現世壽官康寧來生同登華藏者
		〈卷62末〉 比丘明眼領募衆緣刻成此卷伏願七處九會處處縈隨 十聖三賢二親覲 不至成佛誓不退轉
		〈卷63末〉 比丘釋默領募衆緣刻成此卷附助檀越芳名 朴愛福 黃世明 徐戒民 比丘太鑑 宗湜 德宗 弘達 守軒 伏願同種勝因同登華藏者 比丘性湛校對
		〈卷64末〉 比丘釋默廣募衆緣刻成此卷附助檀銜開后 徐春發 徐尙新 徐万壽 徐元平 徐致雲 李敬信 李次信 文處斗 吳進必 弘達 鄭玉難 鐵物檀銜金天石 女貴代 千宗 有奉盧先日 趙愛吉 朴愛奉 金俊 盒趙 石無治 申利鋒 千太江 尹善 所冀同結勝因沾利益者 庚午仲夏大源庵刻成 比丘尙淸校對
		〈卷65末〉 比丘時峻募緣刻此一卷伏願仗此發心契證菩提法界寃親均沾利益者 性湛校
		〈卷66末〉 比丘德明領募衆緣刻此一卷刀刻名銜 開後 雪嵓 文一 應贊 太英 雨還 敏悟 鄭碩璧 楚安 玉信 信英 三卬 李俊 尙熙 善壹 釋輝 釋訥 祖玄 明旭 敏慧 應熙 勝哲 玄覺 道盒 麗城 綵侃 哲性 省安 祖明 應巖 德裕 妙嵓 幸習 斗牛 斗贊 大一 海禪 海贊 性軒 卓弘 賢俊 玄敏 霜淑 釋岑 振昌
		〈卷67末〉 大施主 祖惠 禪敏 義天 大施主 朴仁弘 林桂興 德海 大施主 姜永男 申處成 妙輝 大施主 雲卷 敏監 善梅 大施主 尙敏 熙衍 戒信 呂卜 印輝 淨敏 李廷彬 女俊陽 黃介叱之
		〈卷69末〉 比丘淸胤募刻此卷附助檀越芳名

		朴礼上 朱弘民 比丘惠式 敬彦 義均 金繼宗 明玉 明岸 比丘妙輝校
		〈卷73末〉 比丘處明募緣刻成此卷願祈同登華藏者助緣芳名 妙覺 敬衍 處修 玉玲 瑞泗 尙敏 思旭 文坦 自運 徐元 孫俊善 金興 龍 黃戒希 徐相重 黃仲白 文自瑩 文漢雄 文興祥 志禮 如悟 印英 祖泗 敬淳 普修 道全 元甘 戒禪 明覺 三眼 思稔 性天 淸信 卞三龍
		〈卷74末〉 刀刻芳名 金義云 千順日 玄信 道欣 善旭 勝天 勝修 眞黙 祖海 唯敬 雪海 法輪 性學 寶岩 坦裕 施目 勝圭 道允 應岑 贊梅 淸習 法修 法密 崔志時 明察 處敏 擇修 懷建 覺禪 德寬 戒明 敬眞 天印 覺玄
		〈卷75末〉 比丘處明募刻此卷 諸山名德 律戒 震言 惠遠 靈休 道安 天悟 尙敏 惠遠 繼什 哲照 性一 守天 義閑 敬一 玄應 靈祐 豊悅 明察 崇憲 自澄 雪齊 淨源 神遠 智日 妙暉 校
		〈卷76末〉 比丘德明領募衆緣此刻一卷附助檀街開後 徐順右 李哲江 艻叱禮 比丘熙俊 雪閑 哲熙 性侃 弘淨
		〈卷77末〉 比丘德明領袖募緣刻成此卷 比丘 性湛校對
		〈卷78末〉 比丘釋黙募刻此卷
		〈卷79末〉 比丘卓心募緣刻此一卷附助檀越開後 惠式 敬彦 哲暉 慈敬 普還 時一 戒玉 板鹽檀名姜正上爲母春礼 姜玉上 姜士立 文ㄴ里金 文旻同 李斗英 金戒元 朴召吏 申召吏 信戒 車召吏 朴召吏 李召吏 林召吏 林召吏 文有信 戒訥 天澤 比丘尙淸校對

		〈卷80末〉
		三藏寺 老德 敬嘗 敬湛 卬輝
		前銜 敬天 克璘
		和尙 處閑 處玉
		三綱 元忍 敏英 玄應 應明 應安 釋藏 覺淳
		大源庵 太淳 宗悟 性修
		引勸 載敏 禪遠 達心 元信 雙彦 三玄 楚學 日湛
문헌정보 및 사진		팔공산 동화사
		동국대 도서관

義便故重。

大方廣佛華嚴經疏鈔卷六十之一終

金應每。　金應良同爲父金貴福施板

鹽　金以世爲母　應介施食鹽

比丘雲卷自捨誣募。　比丘祖惠自捨誣

募。　比丘天雲募緣共成圓滿此卷。

緣化比丘玉璘　靈憲　瑞應　祖閑　玉林
　　　　　　　楚學　尚澄　懷善　信士鄭仁得

一閑　瑞衍　孝一

典座　瓊軒

證明　大均

教正　尚清

康熙二十九年庚午四月日慶尚道晉州
智異山大源庵剞劂成後貯于金華山板堂

若得見於佛除滅一切苦能入諸如來大智之境界

若得見於佛捨離一切障長養無盡福成就菩提道

如來能永斷一切眾生㲄隨其心所樂普皆令滿足

疏後四釋成荷恩之意　鈔大文第六偈頌分可

知。

　比丘透三領募秉緣刻此一卷伏願

諸佛菩薩冥加世世生生以文殊之智導普賢之

行當證毘盧遮那之果。

大方廣佛華嚴經疏鈔卷六十之二終

伏頓現世壽富康寧來生同登華藏者

卓明　　戒明　尚清校對

朱風日　　金種金　坦摠

附助檀越　比丘思益　趙先立

魚弘達　　林南　　上清潊

金福龍　　金海龍　上末簪

金加音未　女守禮　張貴山

經云此菩薩應勤學十法所謂了知過去未來現

在一切佛法。二修習三圓滿各三爲九十了知一

切諸佛平等是也。

時善財童子頂禮其足右繞瞻仰辭退而行

疏第六禮辭可知。

大方廣佛華嚴經疏鈔卷六十二　終

尚清校對

比丘明眼領募衆緣刻成此卷伏頉七處

九會處〃叅隨　十聖三賢二親觀不至

成佛哲不退轉　　大源庵刻成

大方廣佛華嚴經疏鈔卷第六十二終

比丘釋默頌募衆緣剞成此卷附助檀越

芳名

朴愛福　黃世明　徐戒民　比丘太鑑

宗禔　　德宗　　弘達　　守軒

伏願同種勝同同登華藏者　比丘性湛校對

比丘釋默廣募粟緣刻成此卷附助檀衛闍后

徐泰發　徐尚新　徐万壽　徐元平徐致雲

李敬信　李次信　文处斗　吳進必　弘達

鄭玉雉

鉄物檀衛金天石　女貴代　千宗　有奉

盧先日　趙愛吉　朴愛奉　金俊益趙　石無洽

申利鋒　千太江　尹善

耳冀同結勝目沾利益者

庚午仲夏大源庵刻成　　比丘尚清校對

髻者縮攝諸亂居心頂故定舍明智加以寶名以

喻顯法名法寶髻。

時善財童子歡喜踊躍恭敬尊重如弟子禮作如是

念由此居士護念於我令我得見一切智道不斷愛

念善知識見不壞尊重善知識心常能隨順善知識

教決定深信善知識語恒發深心事善知識頂禮其

足繞無量帀慇勤瞻仰辭退而去。

大方廣佛華嚴經䟽鈔卷六十五　終

比丘時峻兼緣刻此一卷伏願伏此發心契證

善提法界究親均沾利益者

姓港校　　　　姓港校

比丘德明頜募衆緣刊此一卷刀刻名衛

開後　雪岂　文一　應贊　太炎
雨還　敏悟　鄭碩璧　楚安　王信
信英　三卯　李俊　尚熙　善宣
釋輝　釋訥　祖玄　明旭　敏慧
應熙　勝指　玄覺　道益　麗城
綵倜　栢性　省安　祖明　應巖
德裕　妙岂　辛冒　斗乍　斗贊
大一　海禪　海贊　性軒　卓弘
賢俊　玄敏　霜叔　釋岑　振昌

大施主　祖惠　　禪敏　　義天

大施主　朴仁弘　林桂典　德海

大施主　姜永男　申愛成　妙輝

大施主　雲巻　　敏監　　管梅

大施主　尚敏　　熙衍

　　　　戒信　　呂卜

　　　　印輝　　淨敏

李迁彬

女俊陽

黃介叱之

華嚴疏鈔卷六十七　三十五

大方廣佛華嚴經疏鈔卷六十九 終

比丘清亂募刻此卷助檀越芳名

朴祀上　朱弘民　比丘惠式　敬彦

義均　金繼宗　明玉　明岸

伏願壽綿恒久福躔釐寅

庚午夏智異山大源庵刻成　比丘妙輝校

比丘處明募緣刻成此卷願折同登華嚴者

助緣芳名

妙覺	自運	文漢雄	道全	卜三龍
敬衍	徐元	文兵祥	元甘	
慶修	孫俊善	虎禮	戒襌	
至玲	金興龍	如悟	明覺	
瑞洞	黃戒希	印英	三眼	
尚敏	徐相電	祖洞	思稔	
思旭	黃仲白	敬淳	性天	
文坦	文自瑩	普修	清信	

刀刻芳名

			施目
金義云	惟敬	勝圭	
千順日	雲海	道九	擇信
玄信	法輪	應岑	懷定
道欣	性學	寶梅	覺禪
善旭	寶岩	清智	德寬
勝天	理裕	法修	戒明
勝修	法容	敬真	
真黙	崔末時	天印	
祖海	明察	覺玄	

諸山名德　比丘處明募刻此卷

律戒　　緣什　豊悅
震言　　拈照　明啓
患遠　　性一　崇憲
靈休　　守天　自澄
道安　　義閟　雪霽
天悟　　敬一　淨源
尚敏　　玄應　神遠
惠遠　　靈祐　智日
庚午夏大源卷刻成　妙暉校

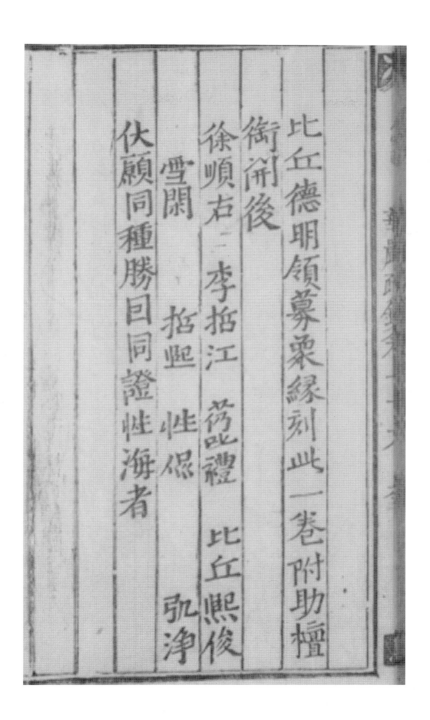

比丘德明領募衆緣刻此一卷附助檀

衡閒後

徐順右三 李挺江 薛些禮 比丘熙俊

雪閑 挺些 性偘 弘淨

伏顧同種勝日同證性海者

比丘德明領袖募緣刻成此卷伏願蒙
此寂勝良日在纏則起十地之階風悟
則圓曠劫之果生生依佛智爲持拈念
念入華嚴之法界
時
康熙二十九年庚午孟夏慶尚道
晋州西智異山大源庵刻成移釿
于金華山藏中　　　比丘性湛校對

比丘釋默菴刻此卷

大方廣佛華嚴經疏鈔卷七十九終

比丘卓心募綠刻此一卷附助檀越開後

惠式　敬彦　瘟睴　憖敎　普選　時一戒玉

板益檀名姜正上為母春礼　姜玉上　姜士立

文里金　文死同　李斗英　金戒元　朴召远

申召吏　信戒　車召吏　朴召吏　李召吏

林召吏　林召吏　丈有信　戒訥　天澤

伏願同種善同同登壽城

智異山大源庵刻成

比丘尚清校對

三藏寺

老德　敬豈〔三綱〕　元恕　太淳　〔大源庵〕　雲彦

敬港　敬英　宗悟　三玄

印輝　玄應　性修

前銜　敬天　應明　引勸　載敏　楚孝　日港

克璘　應安　禪遬

和尚　震潤　釋藏　達心　元信

震玉　覺淳

慶尚道晋州智異山大源庵刊成

53. 大乘起信論疏筆削記會編, 六離合釋法式通關

분류		論書_중국찬술
제목사항	권수제	大乘起信論疏筆削記會編
	판심제	論
발행사항		雙溪寺, 1695年(肅宗 21)
찬술사항		性聰(朝鮮) 編
판형사항		木板本, 2編4卷4冊 四周雙邊, 半郭 19.6×14.6cm, 有界, 10行大字21字低1字小字20字, 註雙行, 黑魚尾; 30.2×20.3cm 合刊: 六離合釋法式通關(蜀沙門 明昱通關)
기록사항	서문	刻起信論疏記會編敍…康熙乙亥(1695)重陽月栢庵病老性聰書
	발문	無
	간기	康熙乙亥(1695)智異山雙溪寺開刊
	간행질	〈卷1末〉 士元 書 鵞眼 校 三機 重証
		〈卷2末〉 本寺 守英 天輝 海敏 光輝 懷甘 普元 性修 義初 一行 緣化 金海云 ■敏 哲明 神明 六澄 守英 智和 義存 元甘 性閑 利秋 振雄 別座 雪淡 都監 智元 化士 勝寬 證悟 性能 校對 秋眼
문헌정보 및 사진		고양시 원각사

■사진

康熙乙亥智異山雙溪寺開刊

校對秘眼

本寺

守英　六英澄

天□　神明

海□　招明

廣甘□　守□

依□元　智和

普□元　義□

娃□□　元秋闲

一義行初　性雄

振利□神秋闲

別座　智重　智淡

都監

化士　勝元

性能　證悟　寶寬

錄化　金海云

信正

54. 緇門警訓

분류		入門_중국찬술 / 한국찬술
제목사항	권수제	緇門警訓
	판심제	緇門
발행사항		雙溪寺, 1695年(肅宗 21)
찬술사항		如卺(明) 著; 性聰(朝鮮) 註
판형사항		木板本, 3卷1冊 四周雙邊, 半郭 20.2×15.0cm, 有界, 10行20字, 註雙行, 黑魚尾; 29.3×19.1cm
기록사항	서문	叙註緇門警訓…康熙乙亥(1695)中秋日栢庵沙門性聰識
	발문	無
	간기	康熙乙亥(1695)晉州智異山雙磎寺開刊
	간행질	〈上卷末〉 緣化 信敏 振雄 敏悟 玉輝 信淨 金海云 尙江 釋还 義心 忠輝 禪訓 海英 坦然 玄敏 ■甘 明卓 斗牛 最初 智盒 勝还 應岩 太英 信一 文■ 坦裕 麗城 絢天 贊和 祖明 刻員 明淨 朴仁發 敬敏 印浩 善丹 思侃 雪寒 善旭 順學 敏惠 道熙 都監判事智元 玄眼書 秋眼校 三機重証 化主 勝寬 唯克 性能 一行 〈下卷末〉 供養主 學眞 鍊板 振雄 前判事 都監 智元 別座 雪淡 化主 性能
문헌정보 및 사진		동국대 도서관 중앙승가대 도서관

以毒箭射之師子驚覺即欲馳害見者裂裳念信此
人不久必得解脫所以者何此染衣者三世聖人標
相我若害之則為惡心向三世聖賢

緇門警訓卷上 終

緣化　信敏　振俗　敏俗　信净　玉淨　金海元　化主

都監判事智元勝覺
玄眼書　呴克
秋眼校
三牒重証

世中童男出家廣弘經教化度含識同共成佛寧在

正法之中長淪惡道不樂依老子教暫得生天波大

栗心離二乘念正頊諸佛證明菩薩攝受弟子蕭衍

和南

緇門警訓續集終

供養主 學真

前判事部監 鍊衣 振雄
別座 智元 雪溪

康熙乙亥晋州智異山雙磎寺開刊 化主 性能

55. 華嚴懸談會玄記

분류		經疏_중국찬술
제목사항	권수제	華嚴懸談會玄記
	판심제	會玄記
발행사항		雙溪寺, 1695年(肅宗 21)
찬술사항		普瑞(元) 集
판형사항		木板本, 40卷10冊 四周雙邊, 半郭 21.2×14.1cm, 有界, 10行20字, 無魚尾; 28.6×18.7cm
기록사항	서문	叙刻華嚴玄潭演義會玄記…康熙乙亥(1695)仲秋初吉栢菴沙門性聰書
	발문	無
	간기	卷34末: 康熙乙亥(1695)智異山雙溪寺開刊
	간행질	〈卷4末〉 比丘法贊施租十石助刊
		〈卷5末〉 自認比丘租十二石助刊 比丘智元五石助刊 性修四石助刊 曺應祖三石助刊 比丘一行六石助刊 嘉善大夫金順竜六石助刊
		〈卷6末〉 比丘自認施租十五石助刊 勝俊施租五石助刊
		〈卷16末〉 催奉伊板子二十
		〈卷19末〉 嘉善熙絢五石租助刊
		〈卷24末〉 朴有章施牛畜助刊
		〈卷26末〉 金順亨施牛畜助刊
		〈卷33末〉 紉學李挺華租十六石施刻
		〈卷34末〉 李金水畓三斗落只施刻 朴氏朱良 都監 智元 化士 勝寬性能
		〈卷36末〉 雙識爲亾父母李卓礼先施租四石助刊

		〈卷40末〉
		大化士性能比丘
		折衝將軍前僉使趙廷彦 施錢五兩爲雙親助刻
		張堅鉄施銀三兩助刊
		居士金杜奉施租四石助刊
		前司果李孝元施錢五兩助刻
		李庚申金業伊李氏末伊
		比丘自認施租十五石
		比丘法贊租十石
		比丘瑞明沓三斗落只
		李金水畓三斗落只
		加設同知金順龍租六石
		同知中樞府事李繼相五石
		比丘熙絢租五石 比丘智圓租六石 比丘一行租五石 同施助刻
		節衝金禹高爲母朴氏
		山中老 天暉 守英 大惠 廣暉 海敏 義初 時住持懷監 時首僧勝玄 時三宝法閑 時典座秋淡 時書記普元 時持殿應哲
		刻工 圓敎 明淨 敬敏 順學 絢天 文粲 印湖 思間 坦連 坦祫 哲性 釋明 處元 順行 海英 冲暉 最初 明卓 敏惠 太英 道熙 信一 善旭 玄敏
		炊飯 六澄 學眞 敏悟 妙印
		來往 守英 義存
		鍊板 信敏 哲明 振雄
		校正 三機
		別座 雪淡
		乾租 神眼
		化士 勝寬
		都監前行判事 智圓
문헌정보 및 사진		팔공산 파계사
		동국대 도서관

사진

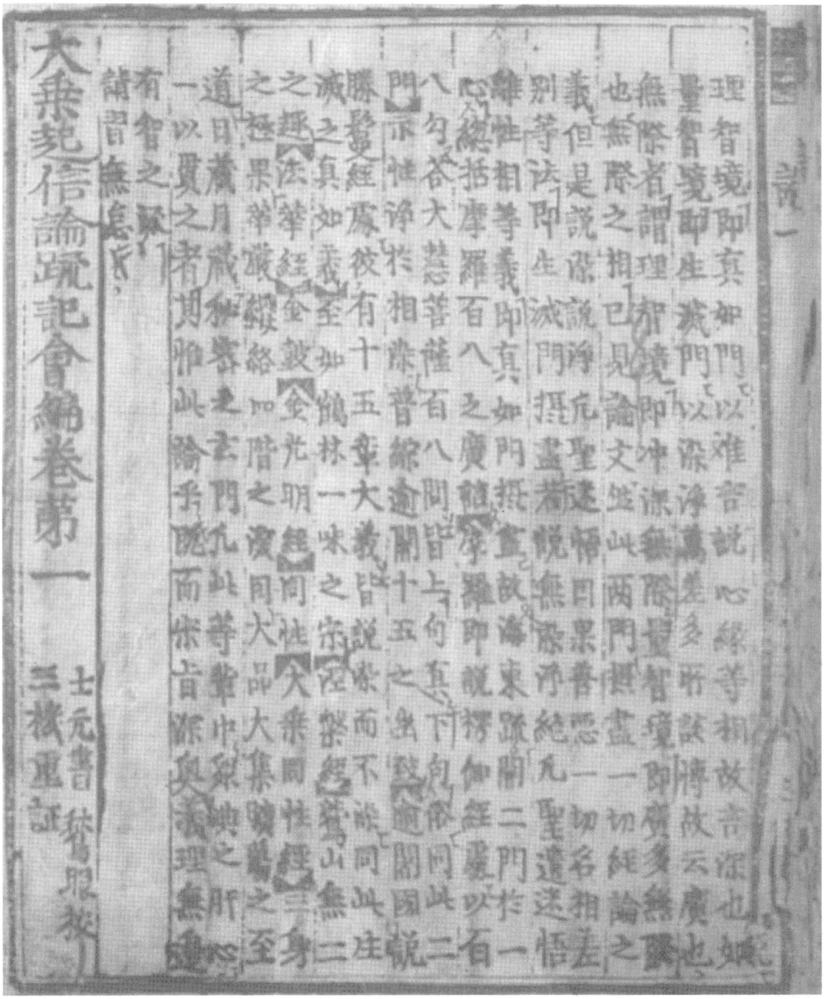

大乘起信論疏記會編卷第一

56. 湖南道求禮縣智異山大華嚴寺事蹟

분류		寺跡_한국찬술
제목사항	권수제	湖南道求禮縣智異山大華嚴寺事蹟
	판심제	求禮華嚴寺蹟, 華嚴寺蹟
발행사항		華嚴寺, 1697年(肅宗 23)
찬술사항		性聰(朝鮮) 編
판형사항		木板本, 不分卷1冊 四周雙邊, 半郭 27.2×21.8cm, 有界, 半葉11行20字 註雙行, 內向黑魚尾; 32.5×24.7cm
기록사항	서문	無
	발문	康熙丙子(1696)仲春 日栢庵道人性聰(朝鮮)
	간기	康熙三十六年丁丑(1697)三月日開刊
	간행질	本寺秩 山中老德 如照 天應 慈敬 山中老德 守白 大師 定心 應切 大師 ■■ 兼教宗判司江■■同都摠攝赤裳山城廐衛都摠攝 通政大夫■■ 湖南都摠攝■■ 金城 僧將前住持普天 雲峯碑殿僧將前住持印閑 雲峯碑殿僧將前住持幸一 金城 僧將 明眼 通政大夫 慈善 雲峯碑殿僧將前住持應還 雲峯碑殿僧將 住持 雪心 雲峯碑殿僧將 戒玄 雲峯碑殿僧將 熙善 雲峯碑殿僧將 戒芳 雲峯碑殿僧將 雪聰 湖南摠攝 廣衍 山中老德 英淑 前住持 義淨 山中老德前住持元珪 金州威鳳僧將鍊心 雲峯碑殿僧將 弘坦 雲峯碑殿僧將 心惠 雲峯碑殿僧將 彩奇 雲峯碑殿僧將 勝悅 嘉善大夫 玄充 三律 神一 弘忍 山中老德住持 天勝 印岑 玉梅 就敬 三印 沖習 卓守 一還 就日 智明 性眼 一梅 可諶 可全 應敏 卓森 鍊贊 淨暉 弘淨 戒希 心印 眞一 眞淨 一彦 石希 德宗 順寬 卓淳 太運 戒哲 戒坦 眞湜 省湜 妙眼 淸惠 必黑 眞洽 戒海 惠哲 弘信 弘密 捧善 心鏡 宗卜 貞益 信暉 戒侃 應暹 弘玄 心淨 卽暉 孝言 妙軒 偉諶 守行 性軒 厚恒 德天 良洽 文淨 偉欠 元惠 惠英 宗善 月林 忍習 泓達 惠宗 貞性 惠岑 卽文 大允 色心 尙敏 弘軒 卽連 大悟 德寬 益善 通敏 心覺 乃眼 融仅 善一 時坦 處云 尙行 法融 克坦 士澄 助緣 處玄 省悟 嘉善大夫前住持 卞哲 刻字 順學 李仁達 三綱 元密 省聰 眞侃
문헌정보 및 사진		담양 용흥사

本寺秩

山中老德　如照
　　　　　印岑
　　　　　玉梅
　　　　　就敬
　　　　　三印
　　　　　冲昌
天應　　　卓守
　　　　　一還
　　　　　乾口

慈敬　　　知明
　　　　　性眼

山中老德　守白
　　　　　一梅
　　　　　可譜

大師　定心
　　　　　可金

大師　覚口
　　　　　應敏

應初

嘉善教宗判司江　　□都捴攝赤裳山城扈衛都捴攝

通政大夫
　　　　　卓森
　　　　　鍊賛

湖南都捴攝　□海
　　　　　淨暉

金城　僧將前住持普天　　　　　弘淨　戒希

雲峯碑殿僧將前住持印聞　　　　心卯　真一

雲峯碑殿僧將前住持幸一　　　　真淨　至岑

金城　　僧將　明眼　　　　　　石希　德宗

通政大夫　　　慈善　　　　順寬　卓淳

雲峯碑殿僧將前住持應還　　　　太運

雲峯碑殿僧將　住持雪心　　戒拖　戒坦

雲峯碑殿僧將　　戒玄　　　　　真混

雲峯碑殿僧將　　熙善　　　普提　真混

雲峯碑殿僧將　　戒芳　　清惠　妙眼

雲峯碑殿僧將　　雲聰　　眞合　必默

湖南捴攝　彙行

山中老德　英淑

前住持　義淨

山中老德前住持元珏

全州成鳳僧將錄心

雲峯碑殿僧將孤坦

雲峯碑殿僧將心惠

雲峯碑殿僧將彩奇

雲峯碑殿僧將勝悅

嘉善大夫　玄克　三綱

守行　色心　士澄

偉諶　大仁　克玄

妙軒　即文　克坦

心淨　即暉　東宗

弘玄　沏達　慶云

應遷　東宗　尚仁

戒悟　忍習　善一

信珊　月林　善珪

貞益　宗善　時理

崇卞　元惠　通敏善

心鏡　偉友　心覺

隆善　大淨　偉覺

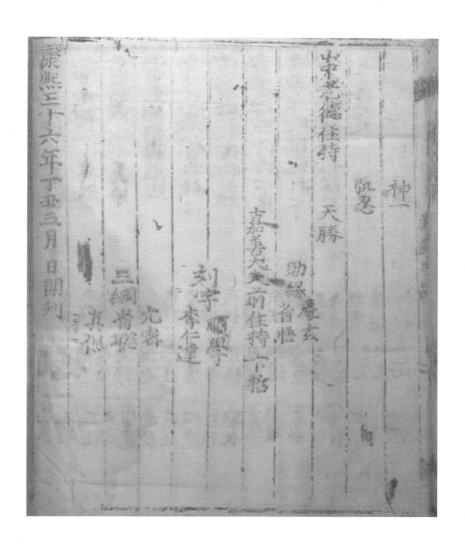

57. 般若波羅密多心經略疏竝書連珠記會編

분류		經疏_중국찬술/한국찬술
제목사항	권수제	般若波羅蜜多心經略疏幷序連珠記會編
	판심제	心經疏記
발행사항		雙磎寺, 1710年(肅宗 36)
찬술사항		法藏(唐) 譯; 師會(宋); 明眼(朝鮮) 會編
판형사항		木板本, 2卷1冊 四周雙邊, 半郭 20.0×14.9cm, 有界, 10行20字, 內向2葉花紋魚尾; 29.1×19.6cm
기록사항	서문	般若心經疏記會編序…康熙龍集丙戌(1706)仲秋日海東無用沙門秀演謹序
		石刻般若心經贊序…大唐開元九年己巳(721)天秋節太傅無國公張說著
		心經略疏連珠記會編後序…淸康熙用集乙酉(1705)仲秋日海東石室沙門明眼謹編
	발문	連珠記跋…皇宋乾道龍集乙酉(1705)仲秋旣望沙門慧詵題
	간기	康熙庚寅(1710)夏慶尙江右河東府地智異山雙磎寺開刊
	간행질	校證諸德 無用秀演 喚惺志安 都監門眞道人 鏡玲 引勸兼校對圓照 太暉 助緣 喩指 大鈞 助緣 雪順 九還 大施主 自認 思衍 慶熙 雙密 忠卓 幸元 学莊 義明 普還 思善 三惠 普淨 淨岑 功德刻員 玄敏 釋坦 淸演 德明 鍊板 能軒 供養主居士大云 方壺沙彌端肅謹書於七佛院 願以秉筆微因 當入慧光三昧 照見蘊空而遊戲宝陁品上
문헌정보 및 사진		고양시 원각사

願以此功德伏祝
王妃殿下壽齊年
主上殿下壽萬歲
世子邸下壽千秋
寰海登清佛日明　同願隨喜檀那眾
天下太平法輪轉　當登覺岸現增壽
校證諸德　都監　明真道人　鏡玲
無用秀演　引勸　校對　圓照　太暉
嘍惺志安　助緣　喻指　大鈍
助緣　雪順　九還

大施主自訟　　義明　　　功德刻負

思衎　普選　　玄敏

慶熙　思善　　釋坦

霆密　三惠　　清演

忠卓　普净　　德明

幸元　净岑　　鍊板能軒

堂莊　　　　　供养圭居夫云

方壹沙彌端肅謹書老七佛院願以東筆微

目當八慧光三昧照見蒩空而遊戲室陁品上

康熙庚寅夏慶尚江右河東府地智異山雙磎寺開刊

58. 現行西方經, 現行法會禮懺儀式

분류		한국찬술
제목사항	권수제	現行西方經
	판심제	現行經
발행사항		七佛寺, 1710年(肅宗 36)
찬술사항		元旵(高麗) 錄
판형사항		木板本, 2編1冊 揷圖, 四周雙邊, 半郭 19.0×15.9cm, 無界, 10行18字, 上下內向 2葉花紋魚尾; 27.8×19.5cm 合刊: 現行法會禮懺儀式
기록사항	서문	重刻現行經序…康熙己丑(1709)季秋落帽日海東石室沙門明眼書
	발문	現行經跋… 崇禎後甲午(1654)仲秋日一菴 萬廻跋
		皇明正統十三季戊辰(1448)正月日禪判都大禪師少言跋
	간기	序末: 康熙四十九年庚寅(1710)正月日開刊于七佛寺
		卷末: 康熙己丑(1709)冬嶺南江右河東雙磎寺開刊
		冊末: 大元成宗大德二年戊戌(1298)…康熙四十九年庚寅(1710)再 刻七佛卽聖上三十七年也
	간행질	〈序末〉 大禪師 石室明眼 宗勒 慧察 刊刻 智峿 拈捻 卓梅 見學 端仅 本寺秩 懷俊 灵祐 太泂 卓連 懷澤 世岑 慶琳 熙悅 三印 屹密 貫天 景仁 淨見 文聖 會元 助役 守安 允玉 供養主 道成 錬板 學淳 大功德主 鏡玲
		〈卷末〉 敬軒 元惠 道安 施主秩 慶熙 在峿 敬安 淨天 敏頓 悟本 金仅已 李玉立 金善一 元湜 見峿 金河水 金河進 金氏水花 朴貴万 李一奉 尹淂申 朴順發 朴順白 金奉伊 盧海奉 朴竜軒 朴敏奉 黃已云 黃万貴 金鶴只 川生男 文戒聖 呂信 祐还 守良 化士 明眞道人鏡玲 沙彌端肅沐身盥手敬書七十一問答現行眞訣
문헌정보 및 사진		고양시 원각사

康熙四十九年庚寅正月日開刊于七佛寺
主上三殿下臺呼萬歲
國泰民安法輪轉
大禪師
石室明眼
宗勒
慧詧
刊刻　本寺秩
智益　恢俊　慶礎　世峯
括捻　灵祐　熙祀　三印
卓梅　太洞　吃宗　晉天
見學　卓連　景仁　夫聖
端仅　悕澤　淨見　善元
供養主道成　四役　守安
鍊板學淳
大功德主鏡玲　允王

出至第三番各發誓願轉化他人以此之願精
進則人多出之或至第四番順化群生諸趣人
多則加一番行之然則至五番順化亦可思云
若加一番則念咒遍數如何西云第三番之數
以轉化無窮爲願行之且云和尚住何處西云
我無任處曉鍾已鳴吾將去矣且開目見之西
公已去矣

現行西方經 終

敬斬　元惠　道安

施主秩　金侶巳　金長水花　盧海奉

慶熙　李玉立　朴貴万　朴竜斬

在益　金善一　李一奉　朴敏奉

敬安　元遑　尹淂中　黃巳云　文戒聖

浄天　見益　朴順發　黃万貴　呂信

敏頓　金河水　朴順白　金鶴呂　祐还

悟本　金河進　金奉伊　呬生男　守良

化土　明眞道人鏡玲

沙彌蕬甫沐身與手敬

書七十一問答

眞俗須知亦俟父母減罪師長而行敬

康熙巳丑冬嶺南江右河東鬟碩寺開刊

法界舍生俱生浄土者

59. 注華嚴法界觀門

분류		論書_중국찬술
제목사항	권수제	注華嚴法界觀門
	판심제	華嚴法界觀
발행사항		王山寺, 1713年(肅宗 39)
찬술사항		杜順(唐) 著; 宗密(唐) 注
판형사항		木板本, 不分卷1冊 四周雙邊, 半郭 21.5×14.2cm, 有界, 10行20字, 無魚尾; 26.5×16.8cm
기록사항	서문	注華嚴法界, 觀門序 唐線州刺史裵休述…
	발문	重刊華嚴法界觀門跋…崇禎後癸巳(1713)陽月日 海東曺溪山沙門無用秀演題
	간기	康熙五十二年癸巳(1713)孟秋日慶尙右道山陰智異山王山寺開刊
	간행질	施主秩 爲薦父母嘉善勝衍比丘 嘉善懷泂 廣淳 處明 朴仁望兩主 海天 雙學 六運 佛國寺通政惠林比丘 通政懷認 幸律 山中大禪師淸胤比丘 山中大禪師坦天比丘 本寺秩 時住持通政幸峕比丘 前住持通政善亶比丘 三綱 斗森 麗諶 一澄 老德嘉善淸運 老德 智英 板材施主朴卜山兩主 鍊板 慕性 助緣 覺淸 爲薦父母功德願刻瑞輝比丘 引勸兼校印湛
문헌정보 및 사진		담양 용흥사

施主秩　　　　　本寺秩

爲亡父母嘉善勝衍比丘　時住持通政華岑比丘
　嘉善懷淸　　前住持通政善蕙比丘

廣淳　　　　斗森
慶明　　　　羆慧
　　三綱　　一澄
朴仁金雨主
海天　老德嘉善淸運
僕學　老德　智英
　　　老德

六選　板材施主朴卜山兩主

佛國寺通政惠林比丘　錬板　慕性

通政懷認　助緣　覺清

章律　為薦父母切德願刻瑞輝比丘

山中大禪師清徽比丘　引勸黛校　邱港

山中大禪師坦天比丘

康熙五十二年癸巳孟秋日慶尚右道山

陰智異山王山寺開刊

60. 因明入正理論解

분류		論書_중국찬술
제목사항	권수제	因明入正理論解
	판심제	因明入正理論解
발행사항		王山寺, 1714年(肅宗 40)
찬술사항		商羯羅主(印度) 造; 玄奘(唐) 漢譯; 眞界(明) 集解
판형사항		木板本, 不分卷1冊 四周雙邊, 半郭 20.4×14.7cm, 有界, 10行20字, 無魚尾; 26.7×19.9cm
기록사항	서문	因明入正理論解題辭…萬曆己丑(1589)五月二十一日季水眞實居士 憑夢禎題
		因明入正理論後序…萬曆庚寅(1590)仲春晦日沙門眞界跋
	발문	重刊因明論跋…崇禎後癸巳(1713)陽月日 海東曹溪山沙門 無用秀 演題
	간기	康熙五十三年甲午(1714)光春日 慶尙道山陰智異山王山寺開板
	간행질	山中大禪師敬靜比丘 淸侖 坦天比丘 志安 定慧 老德嘉善淸運比丘 智英 比丘 時住持通政善亶比丘 前住持通政幸亶比丘 性澄比丘 刻手秩 覺宗願刻六板 瑞淸願刻十板 雪森願刻三板 小者萬必功德二板 施板覺淸比丘 浮板朴㐀山兩主 三綱 一澄 覺淸 懷順 比丘 鍊板 慕性比丘 助緣兼校 印湛比丘
문헌정보 및 사진		중앙승가대 도서관

▮사진

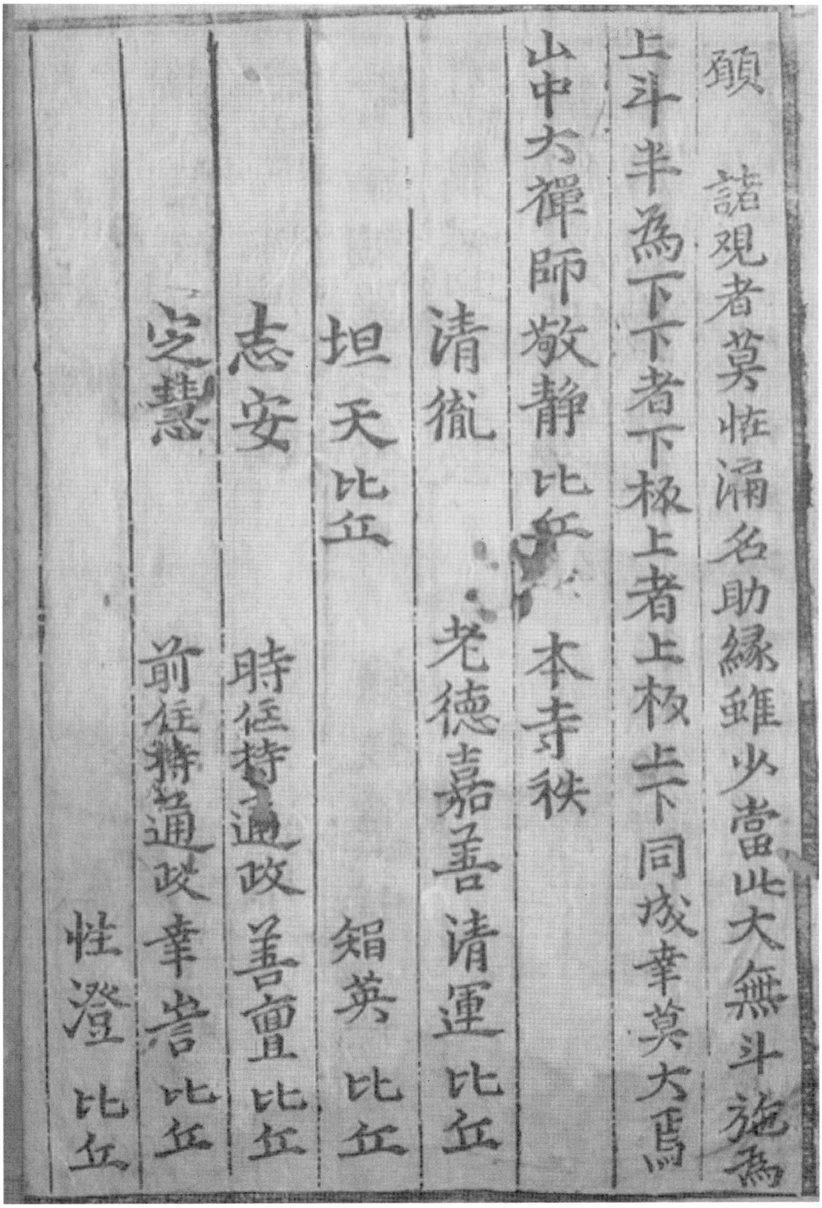
願 諸覌者莫恠漏名助緣雖少當此大無斗施為
上斗半為下下者下極上者上極上下同歲華莫大焉
山中大禪師敬靜比丘 本寺秩
清徹 老德嘉善清運比丘
坦天比丘 絹英比丘
志安 時任持通政善宣比丘
定慧 前任持通政華岩比丘
性澄比丘

列秩篇

覽宗頭列六枚　　　　一澄

瑞淸頭列古枚　　　三綱覽淸比丘

雪森頭列三枚　　　　敏順

少者萬之切德二枚　鍊枚慕性比丘

施枚覽淸比丘

浮枚朴変山兩至　勸緣舞校印湛比丘

康熙五十二年甲午光春日慶尙道山陰縣暴山王山寺開枚

61. 佛說預修十王生七經, 佛說壽生經

분류		經藏
제목사항	권수제	佛說預修十王生七經
	판심제	十王文
발행사항		華嚴寺, 1718年(肅宗 44)
찬술사항		藏川(明) 述
판형사항		木板本, 2編1冊 四周單邊, 半郭 18.0×15.5cm, 有界, 8行18字, 黑魚尾; 22.1×19.4cm 合刊: 佛說壽生經(半郭 17.4×13.9cm, 7行15字)
기록사항	서문	無
	발문	無
	간기	崇禎後九十一(1718)年四月日全羅道求禮智異山華嚴寺開刊
	간행질	三綱 体根 寬文 元機 住持 ■■眞一 奉爲 化主 晚閑順學
문헌정보 및 사진		고양시 원각사

■사진

62. 佛說四十二章經註, 佛遺敎經註

분류		經疏_중국찬술
제목사항	권수제	金剛般若波羅密經
	판심제	미상
발행사항		三莊寺, 1718年(肅宗 44)
찬술사항		迦葉摩騰·竺法蘭(後漢) 共譯; 了童(明) 補註
판형사항		木板本, 2編1冊 四周雙邊, 半郭 20.9×14.4 cm, 10行20字, 無魚尾; 27.7×18.4 cm 合刊: 佛遺敎經註(鳩摩羅什 譯; 了童 補註)
기록사항	서문	重刊遺敎經註■序…萬曆丙戌(1586)仲春吉日…永祥禪師古靈了童述
	발문	重刊四十二章遺敎二經跋…崇禎後戊戌■和上九日方丈沙門■允題
	간기	慶尙晉陽智異山三莊寺重刊
	간행질	山中碩德太暉比丘 大欽比丘 端肅比丘 捨財願刻斗牛比丘 刻員 李泰業 少者德望
문헌정보 및 사진		국립중앙도서관

崇禎後戊戌清和上九日方丈山白巖題

霏硯德太暉笠

太欽笠　端甫笠

捨財敬剝斗牛此笠

利貞　李恭業

少者德望

慶尚晉陽智異山三庄寺重刊

63. 金剛般若波羅密經

분류		經藏
제목사항	권수제	金剛般若波羅密經
	판심제	金
발행사항		華嚴寺, 1718年(肅宗 44)
찬술사항		鳩摩羅什(姚秦) 譯
판형사항		木板本, 不分卷1冊 四周單邊, 半郭 17.7×12.7cm, 無界, 8行17字, 上下內向黑魚尾; 23.2×15.4cm
기록사항	서문	無
	발문	無
	간기	崇禎紀元後再戊戌(1718)四月日求禮華嚴寺開板
	간행질	施主 道札 碩俊 国一 惠英 化士 登階順學比丘
문헌정보 및 사진		김민영 소장 고서목록 개인

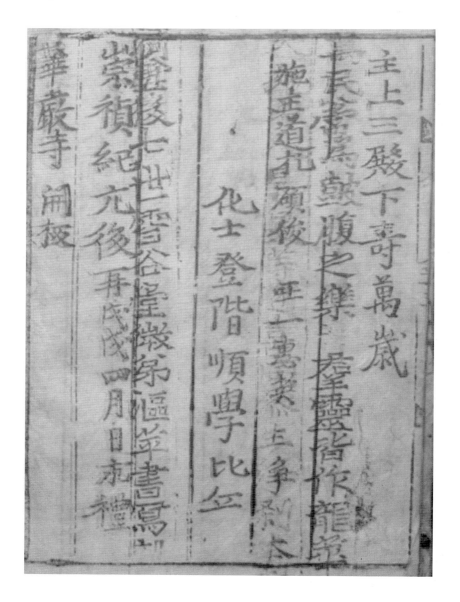

64. 水月道場空花佛事如幻賓主夢中問答

분류		한국찬술_의례
제목사항	권수제	水月道場空花佛事如幻賓主夢中問答
	판심제	作觀說
발행사항		華嚴寺, 1721年(景宗 1)
찬술사항		普雨(朝鮮) 述
판형사항		木板本, 不分卷1冊 四周雙邊, 半郭 18.9×15.1cm, 有界, 10行18字, 內向1葉花紋魚尾; 26.3×18.5cm
기록사항	서문	康熙六十年辛丑(1721)閏季夏曹溪沙門霜月璽封(朝鮮)序
	발문	無
	간기	全羅左道求禮縣智異山華嚴寺開版
	간행질	大禪師喚惺志安 影海若坦 南岳泰宇 隱峯智明 等 住持偉性 三綱 學修 攝連 朗懷 無云 尙宗 施主秩 克坦比丘 性軒比丘 弘信比丘 雪心比丘 眞一比丘 碩俊比丘 智安比丘 卽宗比丘 致白比丘 寂哲比丘 錦城比丘 九謙比丘 六森比丘 国一比丘 明善比丘 我敏比丘 善聰比丘 道林比丘 潁云比丘 戒侃比丘 鵬哲比丘 斗還比丘 化主 攝心比丘 刻工 寶印比丘
문헌정보 및 사진		동국대 도서관

大禪師叟惺志安

影海若坦

南岳券宇

隱峯焜明　等

奉爲

主上三殿下壽萬歲

三綱學修

住持偉性

攝連　無去

朗懷　尚宗

施主秋　克坦比丘　性軒比丘　弘信比丘

雪心比丘　六秀比丘　戒倪比丘

真一比丘　國一比丘　鵬哲比丘

碩俊比丘　明善比丘　斗還比丘

智安比丘　我敢比丘

即宗比丘　善聰比丘

致白比丘　道林比丘

寂哲比丘　穎云比丘

錦城比丘　化主攝心比丘

九謙比丘　剃工寶印比丘

全羅左道求禮縣智異山華嚴寺開刊

65. 百愚隨筆

분류		文集_한국찬술
제목사항	권수제	百愚隨筆
	판심제	百愚集
발행사항		雙磎寺, 1721年(景宗 1)
찬술사항		明眼(朝鮮) 著
판형사항		木板本, 不分卷1冊 四周單邊, 半郭 17.7×13.6cm, 有界, 半葉 8行18字, 註雙行, 內向混入葉花紋魚尾; 25.6×17.1cm 附錄 : 雪岳說
기록사항	서문	壬寅(1722)姤月下澣晉陽河世應題
	발문	書雪嵒遺稿後…上之元年辛丑(1721)秋社日方丈寓人申命耉題
	간기	미상
	간행질	〈附錄末〉 門人 淸胤 大均 印湛 萬薰 太暉 守和 普悅 妙瓊 性湛 德明 慧誾 就侃 大桑 時俊 成顯 天黙 弘濟 處明 廣健 司允 靈憲 玉訥 敬還 端肅 雙學 勝敏 密安
		〈冊末〉 助刻 水月大禪師定慧 栖鳳寺長老忠卓 僧統玄敏 三藏門人 灝禪 灝然 都監 道衡 和卜 知仁 摠敬 和俊 雙磎寺門人 文信 文習 文震 贊機 贊翼 後世 後敬 後成 後禪 脫信 脫聞 脫玄 脫熏 刻字 遇安 省圭 鍊板 修鏡
문헌정보 및 사진		동국대 도서관

山屹高而不危重而何屈斷斷休休桓桓仡仡

邇求禹儀終古煥爛

百愚隨筆附錄 終

門人

清鑑　太暉　性湛　大奈　弘濟　靈憲

大均　守和　德明　時俊　慶明　玉訥

印湛　普悅　慧昏　成顯　廣健　敬還

萬薰　妙瓏　兗侃　天默　司兒　端甫

雙學　勝敏　宓安

誠尤足嘉尚聊書其所感者而歸之

上之元年辛丑秋社日方丈寓人申命菴題

助刻

　　三藏門人　　　雙磎寺門人

　　　　　　　　　文信　後或
水月大禪師定慧　　文習　後禪
　　灝禪　灝然　　文震　脱宿
　　　　　　　　　賛機　脱聞
栖鳳寺長老忠卓　　賛眞　脱玄
　　監道衝　和下　後世　脱熏
　　　　　　　　　後敬　遇安
僧統玄敏　　　　　刻字省主　鍊板修鏡
　　和仁　挹嶽
　　和俊

66. 歸元直指集(卷上)

분류		信仰_중국찬술
제목사항	권수제	歸元直指集
	판심제	歸元
발행사항		華嚴寺, 1724年(景宗 4)
찬술사항		宗本(明) 著
판형사항		木板本, 1卷1冊 四周雙邊, 半郭 20.5×13.9cm, 有界, 10行20字, 註雙行, 無魚尾; 30.8×19.7cm
기록사항	서문	歸元直指序…大明嘉靖三十二年癸丑歲(1553)四月佛誕穀旦寧波府 都綱奉劏兼住寶雲講寺澹雲福愍齋沐謹書
	발문	後發…龍谷一諶跋
	간기	雍正二年甲辰(1724)四月日全羅左道求禮縣智異山華嚴寺開刊
	간행질	山中大禪師孝諶 山中大禪師智明 施主秩 宝印 妙安 即祥 蓮海 攝心 施主 淨暉 德天 開悟 即元 漢裕 孝愼 寂哲 桂岑 國一 鄭承善 住持臣僧哲浞 三綱秩元安 九謙 暢眼 化主大禪師一諶 別坐兼化主順学 暢眼
문헌정보 및 사진		동국대 도서관 중앙승가대 도서관

異山華嚴寺開刊
雍正二年甲辰四月日全羅左道求禮縣智
主上三殿下壽萬歲　別座無化主順学　暢眼
奉為　　　　　化主大禪師一諶　九謙
住持臣僧哲諟　　　　　　三綱秩先安
奴安　攝心　漢㛅　鄭承喜
室印　蓮海　即元　國一
施主秩　即梓　開悟　桂岑
山中大禪師智明　　德天　寂哲
山中大禪師孝諶　施主淨暉　孝愼

67. 寶王三昧念佛直指

분류		信仰_중국찬술
제목사항	권수제	寶王三昧念佛直指
	판심제	念佛直指
발행사항		華嚴寺, 1724年(景宗 4)
찬술사항		妙叶(明) 集
판형사항		木板本, 2卷1冊 四周單邊, 半郭 21.0×13.3cm, 有界, 9行20字, 上下向黑魚尾; 30.2×19.2cm 附錄: 破妄念佛說
기록사항	서문	念佛直指引…雍正二年(1724)蒼龍暮春日曹溪山碧悟道人初炯
	발문	無
	간기	雍正二年甲辰(1724)四月日全羅左道求礼華嚴寺開刊
	간행질	施主秩 末醬大施主 嘉善 祖仪 九謙 心印 裵是度 姜元周 偉性 應淨 錦成 全氏覺念 卽宗 省閑 德彬 灵駕 德弘 灵悟 眞應 印暹 熙性 能道 朗宗 尙敏 竹林 心覺 證俊 國太 祖英 韓汝吉 緣化秩 德徽 惠明 仅行 化主大禪師 一諶 別座兼化主 順學 三綱 元眼 九譕 暢眼
문헌정보 및 사진		고양시 원각사

連環如鈎鎖不斷若不能於是事縈心塵勞鬱結時

及正當得志歌手不得處一割割斷起願立行盡力

一跳焉得應念生彼是故我今作斷本勤佛子皆當

一心精進而行也

此說因吾郷大方李公居士作勸念佛圖嘯菴語

於中故述此云時

洪武乙亥九月二十日書附　康熙辛酉來此土

施主秋

末將酉大施主嘉善祖仅

九諱　全氏覺念

印還　國太

念佛直旨

心印　即宗　熙性　祖癸

襄是慶　省閑　能道　韓汝吉

姜元周　德彬灵駕　朗宗　緣化秩

偉性　德弘　尚敏　德巖

應淨　灵悟　竹林　惠明

錦成　真應　心覚　仅行

奉為住持僧哲是　證俊　三綱元眼　九諥

主上三殿下壽萬歲　化主天禅師一諶　別座無化主順学　暢眼

雍正三年甲辰□月日全羅左道求礼華□寺開刊

68. 准提淨業

분류		經藏
제목사항	권수제	准提淨業
	판심제	准提淨業
발행사항		華嚴寺, 1724年(景宗 4)
찬술사항		地婆訶羅(唐) 譯; 金剛智(唐) 譯
판형사항		木板本, 3卷1冊 變相, 四周雙邊, 半郭 21.4×13.6cm, 有界, 10行20字, 無魚尾; 30.6×19.9cm
기록사항	서문	重刻准提淨業序…天啓癸亥(1623)中元之吉 古虔靑蓮居士謝于敎沐 手焚香書
	발문	後跋 龍谷一諶跋…此功德皆登彼岸
	간기	雍正二年甲辰(1724)四月日全羅左道求禮智異山華嚴寺開刊
	간행질	〈卷3末〉 助刻芳名 斗見 澄哲 引勸 通忍 孟仁 信悟 進遠 碩岑 融旭 孟觀 明三 太全 守遠 太會 明勝 道哲 覺敏 比丘尼 海湛
		〈冊末〉 證明 道正 修淨 仅聰 雪嚴 佛尊 眞一 守軒 山中大德 大師孝諶 大師智明 大師德梅 大師天黙 大師太和 大師開 演 大師覺察 施主秩 大師俊盇 大師初烱 大師鵬陟 大師覺欽 大師達眞 湛敬 七琳 可超 樂天 寂出 大施主秩 通忍 姜杰立 金氏兩位 趙時元 鄭厚橋 自烱 演卜 登雲 等 岑 覺能 戒元 孟祐 是明 日仁 七卓 姜氏 贊海 文学 淂悟 好性 体澄 学天 巨秀 覺慧 好侃 比丘尼太玄 比丘尼處蓮 比丘尼太蓮 緣化秩 德徽 瑞明 仅行 海澄 善明 鍊板 丹順 尙敬 刻手秩 宋光必 諶訓 戒爛 得聰 希日 敏己 見学 成賛 行祥 守淨 亘 安 太心 妙惠 集玲 漢哲 南云主 行淨 思敎 陟坦 文永 就閑 就衍 宇烱 台俊 石崩 崔廷元 金明衍

		大功德主 一諶 別座兼化主 順學
		募緣秩 必宝 呂信 處士敬性
		三綱 元眼 九謙 暢眼
		時住持 哲湜
문헌정보 및 사진		고양시 원각사

■사진

證明道正　大施主秩　　菶岺　緣化秩

修淨　通忍　覺能　德徽

仅聰　姜志立　戒允　瑞明

雪嚴　金氏兩位　孟祐　仅行

佛尊真一　趙時元　是明　海澄

守軒　鄭厚僑　曰仁　善明

山中大德　自烱　七卓　鍊板　善明

大師孝諶　演卞　姜氏　丹順

大師䚵明　登雲　賀海　尚敬

大師德梅　文学　刻　手秩

大師天照　得悟　宋光□　守淨　陟埴

大師太和　好性　諶訓　亘安　文永

大師開演　体澄　戒爛　太心　就闕

大師覺察　学天　得聰　妙惠　就行

施主秩　巨秀　希日　集玲　宇烱

大師俊益　覚慧　敏己　漢拾　台俊

大師初烱　好侶　見学　南云主　石崩

大師鵬陟　毘尼太玄　成賛　行淨　崔廷元

大師覺欽 比丘尼慶蓮

大師達眞 比丘尼太蓮 行祥 思教 金明行

湛敬 大功德主一諶 募緣秋

七琳 別座無化主順學 少室

可超 呂信

寂出 慶玉敬性

楽天 三綱 元眼

時佳持哲浞 九諡

暢眼

雍正二年甲辰四月日全羅左道求札智異山華嚴寺開刊

69. 妙法蓮華經要解

분류		經疏_중국찬술
제목사항	권수제	妙法蓮華經
	판심제	法 / 法華經
발행사항		王山寺, 1727年(英祖 3)
찬술사항		鳩摩羅什(姚秦) 譯; 戒環(宋) 解
판형사항		木板本, 7卷4冊 變相, 四周雙邊, 半郭 19.5×15.7 有界, 8行13字, 註雙行, 白口, 上下內向2葉花紋魚尾; 30.8×20.5
기록사항	서문	妙法蓮華經弘傳序 道宣 述 妙法蓮華經經要解序 及南 撰…靖康丁未(1127)暮春中澣日謹序
	발문	無
	간기	雍正五年丁未(1727)五月日 山陰王山寺刊板
	간행질	本寺秩 前僧統通政善亶比丘 時僧統通政效賢比丘 三綱 芳淑 抱淨 洁英 持殿 祐澄比丘 太薰比丘 刻秩 石孝載 哲梅 雨坦比丘 卓梅比丘 李戒禪 性悅比丘 華淨比丘 英俊 法根比丘 緣化秩 思性 禪鑑 鍊板 慕性 兼別座化主通政瑞淸比丘
문헌정보 및 사진		팔공산 파계사

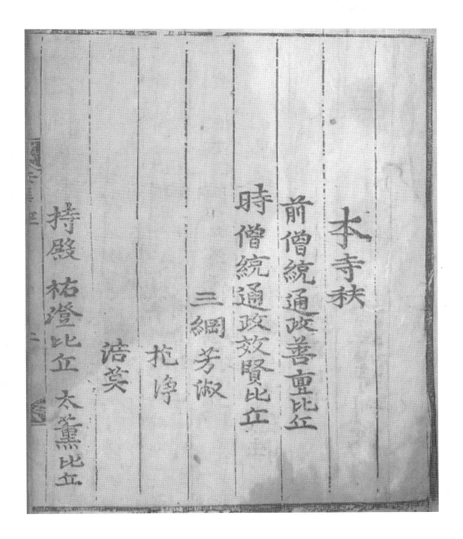

本寺秩

前僧統通政善重比丘

時僧統通政效賢比丘

三綱芳淑

抱淨

浩奘

持殿 祐燈比丘 太薰比丘

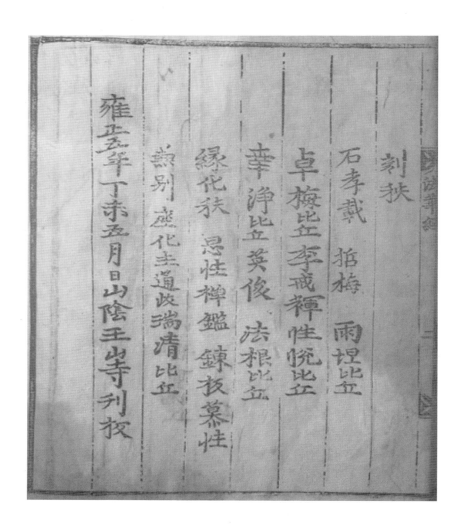

剞劂

石孝戴　拈梅　雨垣比丘

卓梅比丘　李戒禪性悦比丘

華淨比丘英俊　法根比丘

緣化狄　思性禪鑑　鍊技慕性

誹別　盧化主道岐瑞淸比丘

雍正五年丁未五月日山陰王岸寺刊校

70. 准提淨業, 佛頂心經

분류		經藏
제목사항	권수제	准提淨業
	판심제	准提淨業 / 佛頂 / 毗盧
발행사항		大源庵, 1728年(英祖 4)
찬술사항		地婆訶羅(唐) 譯; 金剛智(唐) 譯
판형사항		木板本, 2編1冊 變相, 四周雙邊, 半郭 18.2×14.0cm, 有界, 10行20字, 內向2葉 花紋魚尾; 24.1×17.9cm 合刊: 佛頂心經(上中下卷, 1727年, 12行20字) 附錄: 毗盧遮那惣歸眞言(10行20字)
기록사항	서문	無
	발문	佛頂心經 卷末 : 觀音經後跋…願諸同志之士咸垂心諾焉
	간기	准提淨業 卷末 : 雍正戊申(1728)三月日晋州西三藏寺大源菴開板
		佛頂心經 卷末 : 雍正五年(1727)四月旣望二日慶尙右道晋州地智異 山大源庵留刊
	간행질	〈准提淨業 卷末〉 施財願刻 比丘斗牛 校對 司允 書字 鍊宇 刻字 自敏 萬仅 顧空
		〈佛頂心經 卷末〉 山中大德 太欽比丘 校正兼跋 草閑比丘 書寫 擢梅比丘 鍊宇比丘 願刻 贊宗比丘 鍊板 金太山
문헌정보 및 사진		고양시 원각사

戒藏眞言 옴ᄒ리부니合하 定決道眞言

옴함불니合하 慧徹修眞言 옴ᄯᄽ바니合하

施財頒剗比立斗牛

以此物德伏頒先亡父及多生師長

累世宗親眞法界含靈咸悟比

理其登覺岸者

校對　司仡　剗字自敏

書字錄宇　萬仅　顗空

雍正戊申三月日晉州西三藏寺大源菴開板

生而為子大聖感唫口欲言而辭喪心窃异

忘採妙掠玄實非容易以是益宗思為三父母

寬悅灵駕正母崔氏視陽灵駕与先三父母列名

灵駕咸脱离途超生極楽之願故捨其室財刻金

無上大陀羅尼經頭諸同志之士咸喜心諸爲

山中大德太歇　　　　比丘

故正兼跋草閑　　　　比丘

書寫　　攉梅　　　　比丘　　　錬板金太山

　　　　錬宇　　　　比丘

頭刻　　資宗　　　　比丘

雍正五年四月既望三日慶尚右道晉州地智異

山大源庵留刊

71. 大方廣佛華嚴經疏科文

분류		經疏_중국찬술
제목사항	권수제	大方廣佛華嚴經疏科文
	판심제	無
발행사항		國泰寺, 1739年(英祖 15)
찬술사항		澄觀(唐) 排定
판형사항		木板本, 不分卷1冊 四周雙邊, 半郭 22.3×15.1 無界, 10行字數不定, 註雙行, 無魚尾; 30.0×18.8
기록사항	서문	刊華嚴經懸談疏科目序…乾隆四年己未(1739)三月日伽倻山晦菴定慧序
	발문	刊華嚴經玄談科跋…崇禎後己未(1739)端午日海東智異山若訥謹題
	간기	乾隆四年己未(1739)七月日慶尙右道山陰縣方丈山國泰寺開刊
	간행질	〈卷末〉 大禪師定慧 大禪師普悅 大禪師躰淨 大禪師斗慧 大禪師性眼 大禪師萬熏 大禪師竺坦 大禪師脫遠 大禪師覺演 大禪師文字 大禪師護敬 施主秩 護敬 爲母父 大印 爲父母 比丘曇益 比丘楚機 比丘唯淨 比丘齊學 比丘浪閑 比丘豊卓 比丘思日 比丘玄淨 比丘允嚴 比丘明信 比丘就彦 比丘致應 比丘思淨 比丘能安 比丘彦機 振曄 道暉 處淳 最明 振行 就文 朴時必 周時同 李東秀 仇性寬 徐斗柄 姜一億 金順發 金順望 梁老花 李明在 宣勝吉 曺彭守 朴萬昌 比丘證演 比丘達宇 比丘浪湜 斗澄 戒訓 比丘任察 崇學 任元 學原 守行 寬祐 華准 沈萬必 比丘雪宇 淳贊 再准 會主 守軒 住心 三淑 侃蹟 法律 就淳 妙湛 金道昌 遠演 洗云 〈冊末〉 時僧統任欣 時住持泰悅 前住持月儀 前住持任察 前住持一還 前住持崇學 前住持一寬 三綱 書記廣識 持事彩珠 三補莊演 緣化秩 化主省機 別座大印 往來僧信宗 前住持都監贊信 刻手秩 眞性 和湜 自敏 坦敏 朴應太 漢楚 信一 漢敦 金聲遇 會諿 豊淨 印機
문헌정보 및 사진		중앙승가대 도서관

■사진

一九本末偏收科九

一十主伴無盡科圭

二正釋経文附科苹二卷

大方廣佛華嚴経疏科文卷苹一終

二別釋苹五四

三引證有

三通釋後五六

四結成斯

大方廣佛華嚴経疏科文一卷

徽州休寧居士江有敘金光巖同施貲刊此

萬曆丙辰年径山花城寺識

大禪師普朓　　　大禪師斗慧　　大禪師萬熏

大禪師定慧　　　大禪師躰淨　　大禪師性眼

大禪師竺坦　大禪師護敬

大禪師脫遠

大禪師覺演

大禪師丈宇

施主秩

護敬

為母父

大印

為父母

比丘曇蓋

比丘楚撥

比丘惟淨

比丘齊學　振禪　金順强佳元　　侃曠
比丘浪閈　道暉　梁老花覺原　　法律
比丘豊卓　憂明　李明在守行
比丘思日　宣勝吉幸准　　龍淳
比丘玄淨　景明　曹彭守寬祐　　妙湛
比丘名嚴　恨行　朴萬昌沈萬必　金道昌
比丘明信　乾大　朴時必監證演此丘雷宇　洗云
比丘致彥　周時同此丘浪是再准
比丘思淨　李東秀此丘浪是淳禎　遠演
比丘能安　仇性寬斗澄會主
比丘彥撥　徐斗柄戒訓守心軒
　　　　　姜一億監住察
　　　　　金順敎堂學三浪

時僧統住欣

時住持奉悅　　化主省機　　真性　　刻手帳

前住持月儀　　別座大印　　　　　印摐　和湜

前住持任察　　往來僧信宗　　自敏

前住持一還　　　　　　　　坦敏

前住持崇學　　　　　　　　　　　信一　漢楚

前住持一寬　　前住持都監賫信　　　　朴應太　漢敏

三綱　　　　　信

　書記廣識　　　　　　　　　　　金聲遇　會誐

　三補莊演　　　　　　　　　　　　　　　豊淨

乾隆四年巳未七月日慶尚右道山陰縣方丈山國泰寺開刊

緣化帳

72. 南岳集

분류		文集_한국찬술
제목사항	권수제	南岳集
	판심제	南岳集
발행사항		實相寺, 1753年(英祖 29)
찬술사항		泰宇(朝鮮) 著; 在初(朝鮮) 編
판형사항		木板本, 2卷1冊 四周單邊, 半郭 20.4×15.9cm, 9行18字, 內向2葉花紋魚尾; 28.5×19.4cm
기록사항	서문	南嶽大師詩集序…屛巖序
	발문	無
	간기	聖上三十年癸酉(1753)…五月日留板于頭流實相寺
	간행질	■■ 金波日暎 霜月璽封 謹全 弟子秩 ■谷在初 仁谷應■ 八悟 ■■ 川波杜佰 月波孟奎 定波秀英 獲成 ■■ 謹忍 謹仁 愼天 任闊
문헌정보 및 사진		국립중앙도서관

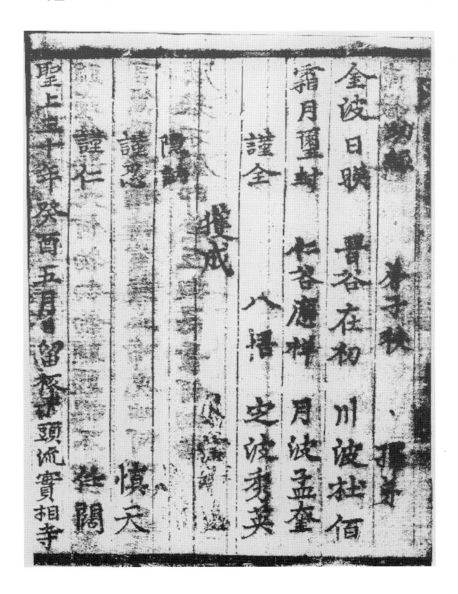

73. 龍潭集

분류		文集_한국찬술
제목사항	권수제	龍潭集
	판심제	龍潭集
발행사항		臺巖庵, 1768年(英祖 44)
찬술사항		楷冠(朝鮮) 著; 惠庵(朝鮮) 編
판형사항		木板本, 不分卷1冊 四周單邊, 半郭 19.6×15.4cm, 10行20字, 內向2葉花紋魚尾; 23.9×19.3cm
기록사항	서문	書龍潭集 余於少時遊南原…龜邨之配爾窩
		龍潭集序 余未見龍潭師…戊子(1768)仲夏南崖畸人申舜民識
	발문	余於龍潭長老…歲戊子仲夏龍城老人崔載卿書
		龍潭大師行狀…戊子仲秋日 門人惠庵玧藏謹錄
		後錄…只要來者可考特書集末耳
		先龍潭和尙…龍集戊子(1768)仲秋日
	간기	乾隆三十三年戊子(1768)九月日刊板于智異山臺巖庵移置于甘露寺 影閣中
	간행질	刻工 錦卓
문헌정보 및 사진		고양시 원각사

刊行扵世也夫 瀚渥 女沐法雨寶爲感焉

遂扵潦謹書

龍集戊子仲秋日

乾隆三十三年戊子九月日刊扳于智異八曲

巖本移置于甘露寺影閣中

刊工錦...

74. 大方廣佛華嚴經疏演義鈔

분류		經疏_중국찬술
제목사항	권수제	大方廣佛華嚴經疏演義鈔
	판심제	華嚴玄談
발행사항		黃嶺庵, 1773年(英祖 49)
찬술사항		實叉難陀(唐) 譯; 澄觀(唐) 撰述; 葉祺胤(明) 會編
판형사항		木板本, 8卷8冊 四周雙邊, 半郭 20.8×14.0cm, 有界, 10行20字, 上下向花紋魚尾; 28.8×19.1cm
기록사항	서문	無
	발문	無
	간기	卷8下末: 歲舍癸巳(1773)春開刊于全羅道南原黃嶺庵
	간행질	〈卷1末〉 願刻秩 初卷 南原 趙國星 一板 錦卓 一板爲母金氏 爲泰 二板爲父母 來敏 一板爲母 朴氏 處尙 一板爲母金氏 宇觀 一板爲父母兩主 采惠 一板爲父母兩主 杜永 一板爲父母兩主 同福 義修 二板爲父母金哲鳳兩主 暢賢一板 谷城 金德修 一板爲父母兩主 康津 鄭允信 二板爲母趙氏 鄭德孫 一板爲母晋氏 海南 韓重世 一板爲母金氏 錦準 一板爲父母兩主 順天 命云 二板爲父母恩師呂性 見淨 二板爲父母吳鎭光兩主 錦吾 一板 哲明 一板 金德獜 一板爲母姜氏 日永 一板爲母金氏 戒平 一板爲母宋氏 雲峰 勝岑 一板 德宗 二板爲恩師爲父母兩主 覺淳 一板爲母曹氏 求禮 表訓 一板爲母姜氏 昌平 莊賢 一板爲母兩主 玉果 李春興 二板爲鄭氏 師文號性 奉仙 二板爲父母爲恩師尙俊 來察 一板爲母金氏 李春赫 二板爲母柳氏 語聰 小者 瑞昌 色允 一板爲父 金氏兩主 海印寺 善一

		〈卷2上末〉 朴令愛兩主 廉俊寫只 刻云伊 刻宋厚 梁氏 宋尙洽 宋尙哲 永太尼 梁今 丁春 全氏
		〈卷2下末〉 裵氏伏爲亡父裵萬機 亡母鄭氏 亡夫丁鶴領
		〈卷3末〉 化士尼大敏領募諸道俗若干人刻此伏願樂施心堅福田必遇 不淨觀現 結習永捐 自此種般若之因 當來證菩提之果 兼冀利益現生之父母 普 及法界之冤親者
		〈卷4下末〉 大匡輔國崇錄大夫領議政奉朝賀洪鳳漢氏 時湖南伯洪樂成氏
		〈卷5末〉 尼惠崖爲父全萬仅兩主 林必重 金氏 宋氏
		〈卷6下末〉 施主秩 戒俊 直明 乃軒 感閑 有信 化士大敏伏爲崔氏兩主 吳時正 柳宗厚 姜孟淂 金奉尙 優波夷了察 朴氏 金氏 朴有才 崔氏順牙兩主 金有才
		〈卷8下末〉 緣化 營幹 大禪師斗月默崖 大禪師惠庵玏藏 校正 大禪師豁然長愚 大禪師九峰世樞 洛波景許 洪波愼弟 化士 比丘尼大敏 別座 比丘等和 供養主 比丘快獜 義華 來往 比丘快敏 李得万 姜刀 儉 莊頭片手 比丘等初 浮板 金澤良
문헌정보 및 사진		고양시 원각사 동국대 도서관

▮사진

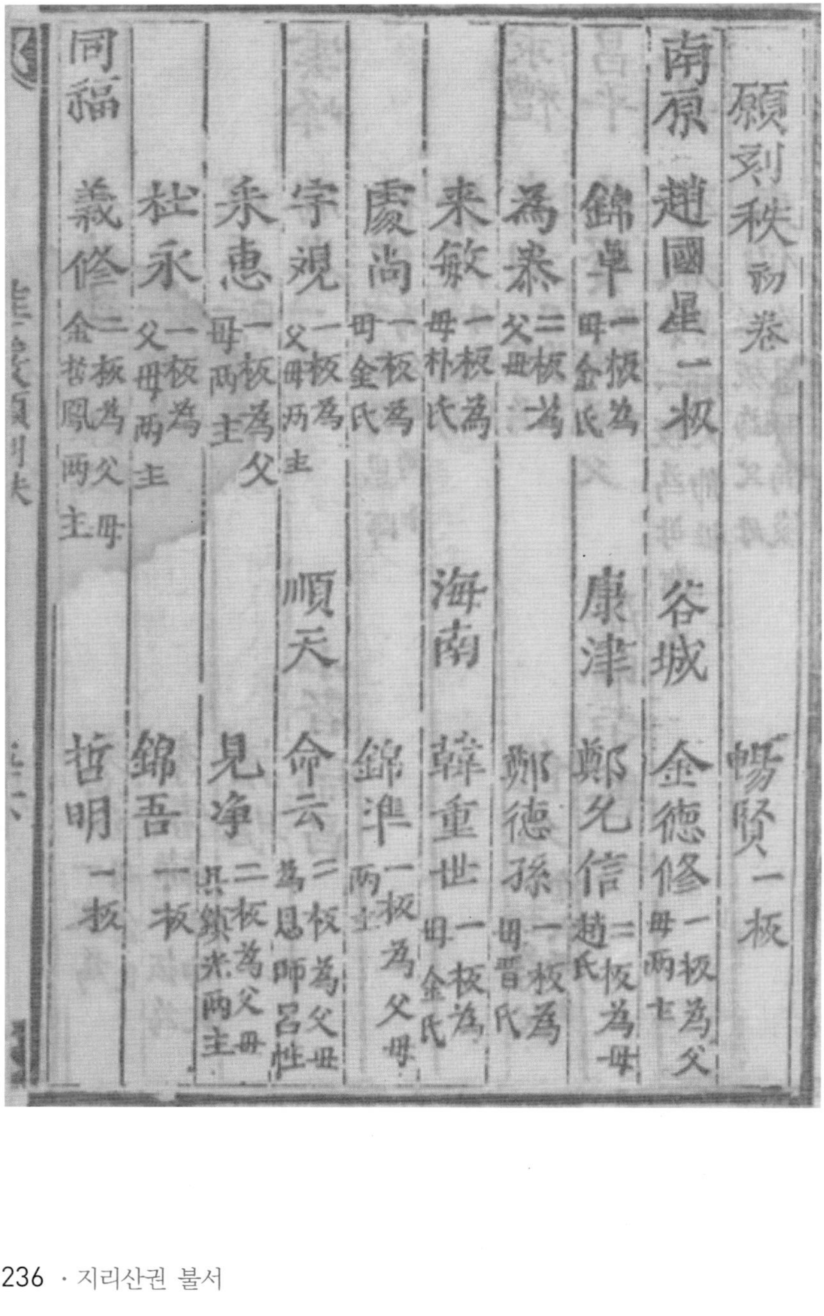
願刻秩 初卷 暢賢 一板
南原 趙國星 一板 谷城 金德修 一板為父母兩主
錦卓 一板為母金氏 康津 鄭允信 二板為母趙氏
為森 二板為父母 鄭德孫 一板為母晉氏
來敏 一板為母朴氏 海南 韓重世 一板為母金氏
處尚 一板為母金氏 錦準 一板為父母兩主
宇觀 一板為父母兩主 順天 命云 二板為父母恩師呂性
秉惠 一板為父母兩主 見淨 二板為父母[illegible]兩主
杜永 一板為父母兩主 錦吾 一板
同福 義修 二板為父母金哲鳳兩主 哲明 一板

雲峰　勝岑一板

求禮　袁訓母一板為姜氏為

昌平　莊賢母兩板主為父

玉果　李春興師大卿性二板為母鄭氏

奉仙二板為父為恩師兩俊母

金德獨母一板為姜氏

曰永母一板為鈦氏為

戒平母一板為宋板氏為

德宗二板為久母師兩序

覺淳母一板為曹氏為

海印寺善一

色一板為父金氏為主

來察母金氏一板為

李春赫母柳氏二板為

語聰

李春昌

小者瑞昌

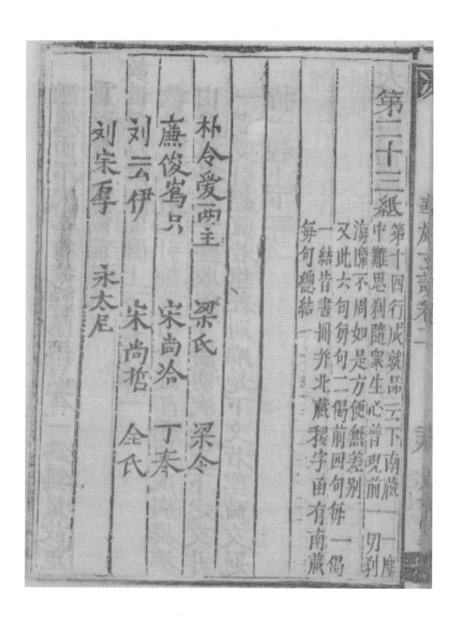

第二十三紙

第十四行成就品云下南藏一摩
中難思刹隨衆生心普現前一刹到
海際不周如是方便無差別
又此六句每句二偈前四句每一偈
一結皆書冊并北藏複字面有南藏
每句總結

朴令愛兩主　梁氏　梁令

盧俊嵩只　宋尚洽　丁泰

刘云伊　宋尚招　全氏

刘宗厚　永太尼

眾生一一皆爾者普賢若望如來亦各眾生世間

若望眾生亦名智正覺世間又眾普賢則攝一切

菩薩也

襄氏伏為巨父襄萬機

巨母鄭氏

巨夫丁鶴頎

大方廣佛華嚴經疏演義鈔卷第二

第二明所攝下文中有二。初明彼攝此經。
若約此攝乃至聲聞亦此經攝此能包含無量乘故
揀於權實至下立敎中明。已辨藏所攝竟
後若約下明此攝彼藏文並可知。

化士尼大敏頌募諸道俗若干人刻此伏願
樂施心堅福田必遇不淨觀現結習永捐自
此種般若之因當來證菩提之果兮羮利益
現生之父毋普及法界之寃親者

大方廣佛華嚴經疏演義鈔卷第三

大匡輔國崇祿大夫領議政奉朝賀洪鳳漢氏

時湖南伯洪樂成氏

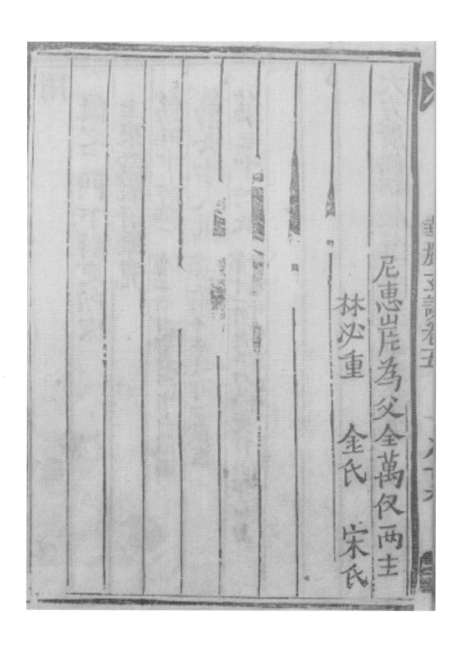

尼惠山尼爲父全萬伊兩主

林必重　金氏　宋氏

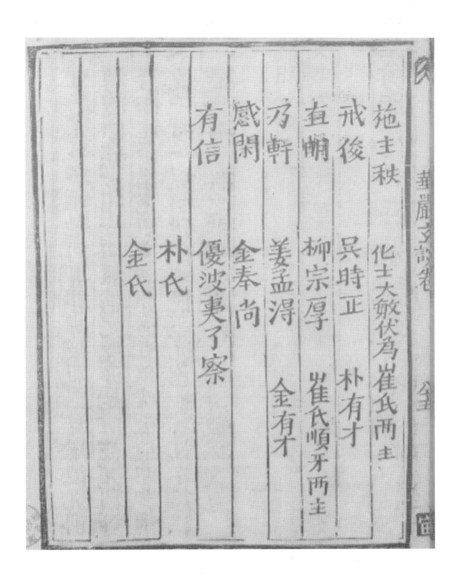

施主秩　化士大敏伏爲崔氏兩主

戒後　　吳時正　　朴有才

亘朋　　柳宗厚　　崔氏順牙兩主

感閑　　金奉尙

方軒　　姜孟淂　　金有才

有信　　優波夷了察

　　　　朴氏

　　　　金氏

緣化

營幹

大禪師斗月黙岸

大禪師惠庵玧藏

校正

大禪師谿然長遇

大禪師九峰世樞

洛波景許

洪波愼身

化士 比丘尼大敏

別座　比丘等和

供養主　比丘快獜　義華

來往　比丘快敏　李得万　姜刀儉

莊頭庀手　比丘等初

浮板　金澤良

歲舍癸巳春開刊于全羅道南原黃嶺庵

75. 大方廣佛華嚴經疏鈔(卷53-54, 卷55-56, 卷58之2-59, 卷60, 卷63-64, 卷70-72)

분류		經疏_중국찬술
제목사항	권수제	大方廣佛華嚴經疏鈔
	판심제	華嚴疏鈔
발행사항		臺岩精舍, 1774年(英祖 50)
찬술사항		實叉難陀(唐) 譯; 澄觀(唐) 撰述; 葉祺胤(明) 會編
판형사항		木板本, 12卷6冊((全80卷 中 卷53-54, 卷55-56, 卷58之2-59, 卷60, 卷63-64, 卷70-72) 四周雙邊, 半郭 19.9×14.0cm, 有界, 10行20字, 上下向花紋魚尾; 29.0×19.2cm
기록사항	서문	無
	발문	無
	간기	卷54末: 乾隆三十九年甲午(1774)夏 智異山臺岩精舍重刊
		卷55末: 乾隆三十九年甲午(1774)夏 智異山臺巖精舍開刊
		卷58之2末: 乾隆三十九年甲午(1774)夏 智異山臺岩精舍重刊
		卷59末: 乾隆三十九年甲午(1774)夏 智異山臺岩精舍重刊
		卷60之1末: 乾隆三十九年甲午(1774)夏臺岩精舍重刊
		卷64末: 乾隆三十九年甲午(1774)夏 智異山臺岩蘭若重刊
		卷72末: 乾隆三十九年甲午(1774)夏 智異山臺岩庵自鹹至火又人凡十一卷開刊
	간행질	〈卷53末〉 泥洞敬捨五十金爲令澈助刻此卷以此功德寄享山壽海福歸獲篆昇淸名
		〈卷54末〉 識安願刻 爲父母一板子 爲師一板子 可澄伏爲 亡父張太明 亡師戚敏映映謹募緣刊此全卷以此功德願興法界含灵俱生淨土 校對 体宇 景賢 采玩
		〈卷55末〉 緣化秩 化主 達性 有伯 栽榮 信潤 別座 性元 都監 瑞玲 誦呪 就和 道演 供養主 法海 錦宇 再敏 快仁 幸兼 卽相 性海 以眞 自玄 鍊板 淸盆 智宗 智榮 校對 体宇 景賢 采玩

		〈卷56末〉 比丘有伯敬募波根灵隱兩寺施緣刊此
		〈卷58之2末〉 引劝 有一 化主 有伯 廣募衆緣刊成此卷 願與多少施主及法界含灵 離世間卽入如來法界海中 校正 軆宇 采玖 景賢 比丘稱淑施錢五十兩助成此經以此功德現增福壽當生淨土信仰亦願 先亡父母現存師親透脫輪廻之苦往生界之願 朴仁三兩主 姜渭昌 渭孙 渭春
		〈卷59末〉 化士 信活 有伯等募緣成此卷 以此功德四恩三有一切含灵速離苦海共遊毘盧法界願海 校正 軆宇 景賢 采玖
		〈卷60之1末〉 校對 景賢 采玖 都監 瑞玲 別座 性元 誦呪 就和 道演 順天海川寺同願成此卷 引勸 采文 淑敏 宇幸 住持 漢日 化主 有伯 仗此勝緣愿與多少施主生增壽福處故樂方九品上生
		〈卷60之2末〉 化士有伯廣分衆緣刊成此卷願與法界含灵共生極樂之大願
		〈卷63末〉 嘉善金重兌伏爲 亡父金順鶴兩主 亡祖金會日兩主 捨財助成此篇 以此功德現增福壽當生淨刹 引勸化主瑞玲
		〈卷64末〉 文以長 金順焉兩主 可澄母朴氏 持軟 李順必 仅閑 張氏亏化 ■母李氏 金仁先 金仅連 李应竜 池時同 杜世江 定念母李氏 金亏肖 金進文 金哲民 金氏善業 朴氏 金澤好 崔水南 閔振和 李明周 張漢臣 黃時才 金亏喜 崔撖大 林亨宗 金水光 就岩 朴氏应眞 朴業至 仅白 張河 朴玉丹 李氏 甘应 開礼 朴性昌 李氏 金非令 金乭伊 体弘 梁采演 高命金 李善必 如天 玄淨 兌玖 依定 太永 永海 妙日 天性 仅允 自信 本已

		稱淑 感海 湜安爲 申示同 父母兩主 道衍 采衍
		化主達性 校對 体宇 景賢 采玩
		〈卷72末〉
		鰲岩門下誨寬頓禪同共募緣刊成此卷願我多生父母現世師親與助緣
		施主等永脫塵網於沙波累劫之輪廻頓訂法界於善財一生之極果
		校對 景賢 采玩
		都監 瑞玲 別座 性元
문헌정보 및 사진		팔공산 파계사

大方廣佛華嚴經疏鈔卷五十三終

華嚴疏鈔卷五十三

泥洞敬捨五十金爲今澂助刻此卷以此
功德寄草山壽海福歸獲篆昇淸名

等。二他身相應化謂化王爲佛身等三非身相應
化化大地爲實等。今並非此

識安願剗

爲父母一板子　爲師一板子　可澄伏爲

三父張太明　已師咸敏

映映謹募緣刊此全卷以此功德頌興

法界含灵俱生淨土

校對　怦宇　景賢　采玖

乾隆三十九年甲午夏智異山臺岩精舍重刊

大方廣佛華嚴經疏鈔卷第五十四畢

緣化秩

化主 達睢　有佰　裁榮　信洞

別座 性元

都監 瑞玲

誦呪 乹和　道演

供養主 法海　錦宇　莊敏　快仁　幸兼

鍊板 清益　智宗　智榮

校對 侔宇　景賢　采玖

乾隆三十九年甲午夏智異山大毫嚴精舍開刊

大方廣佛華嚴經疏鈔卷五十五

生界悉入如來藏知一衆生身普入一切衆生界知
一切衆生界悉堪爲諸佛法器知一切衆生界隨其
所欲爲現釋梵護世身知一切衆生界隨其所欲爲
現聲聞獨覺寂靜威儀知一切衆生界爲現菩薩功
德莊嚴身知一切衆生界爲現如來相好寂靜威儀
開悟衆生是爲十若諸菩薩安住此法則得如來無
上大威力決定解
一疏三解衆生文相並顯

此丘有伯欽募波根昊億兩寺施緣刊此

大方廣佛華嚴經疏鈔卷五十六　終

巳具足一切功德法故從兜率天下生人間

疏四結益

引劝　有一　化主有伯廣慕眾緣

刊成此卷願與多少施主及法界含灵

难世間即入如來法界海中

昔

乾隆三十九年甲午夏智異山臺岩精舍

重刊　校正　躰宇　采玖

景賢

大方廣佛華嚴經疏鈔卷五十八之二䒭

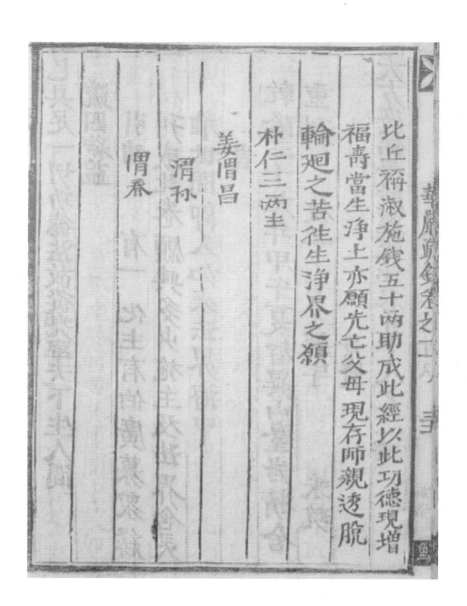

比丘裕淑施錢五十兩助成此經以此功德現增

福壽當生淨上亦願先亡父母現存師親逯脫

輪廻之苦往生淨界之額

朴仁三兩主

姜胃昌

渭孫

胃乔

化士　信活　有伯等募緣成

此卷

以此功德四恩三有一切含灵速难苦海

共遊毘盧法界願海

校正　斮宇　景賢　采玧

乾隆三十九年甲午夏智異山臺岩精舍重刊

大方廣佛華嚴經疏鈔卷五十九　終

義便故重。

大方廣佛華嚴經疏鈔卷六十之一終

校對　景賢　采玩

都監　瑞玲

別座　性元

誦呪　就和　道演

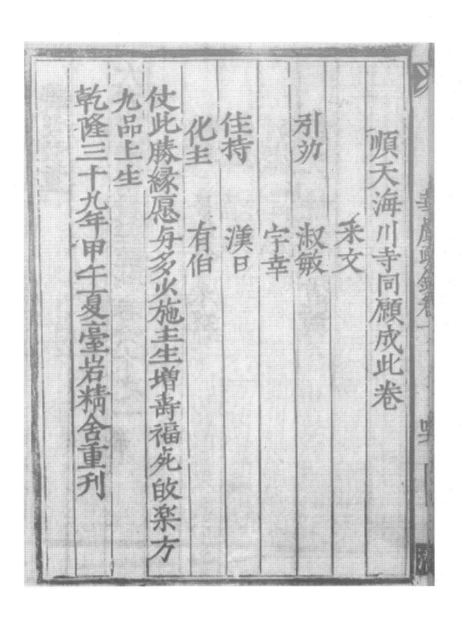

順天海川寺同願成此卷

別功　　淑文

別功　　淑敏

住持　　宇幸

化生　　漢日

　　　　有伯

仗此勝緣愿每多火施圭生增壽福死敀樂方

九品上生

乾隆三十九年甲午夏臺岩精舍重刊

若得見於佛。除滅一切苦。能入諸如來。大智之境界。

若得見於佛。捨離一切障。長養無盡福。成就菩提道。

如來能永斷。一切眾生處。隨其心所樂。普皆令滿足。

疏後四釋成荷恩之意。　鈔大文第六偈頌分可知。

化士有伯庻分从緣刊成此卷頌　与法界含灵共生極楽之大頌

大方廣佛華嚴經疏鈔卷六十之二終

退向行

大方廣佛華嚴經疏鈔卷第六十三 終

嘉善金重 兄伏為

亡父金順鶴兩主 亡祖金會目兩主捨財助成此等願

以此功德現增福壽當生淨利 引勤化生瑞玲

時善財童子頂禮其足繞無數而辭退而去。

文以長　金順鶯兩王　可澄卅朴氏　持軟　李順必

仅開　張氏万化　世李氏　金仝　金仝進　李應竜

池時同　世江　念民金万肖　金連文　金揺民

金氏秦朴氏　金洙妤　崔水南　閔振积　李明周

張漢臣　董時才　金万喜　崔拾大　林亨崇　金水光

乾岩　朴氏應真　朴某王　仅白　張河　朴玉丹

李氏　甘应　開礼　朴性昌　李氏　金非令

金在伊　佇弘　梁米淡　高俞金　李善必

大方廣佛華嚴經疏鈔卷六十四終

如天 恢空 妙日 本已 稱淑

玄淨 太永 天性 感海

死玩 永悔 仅先 是女為 申示同

自信 父母兩至 道行 采衍

化主達性

校對 倅守 景賢 采玩

乾隆三十九年甲午夏智異山臺岩蘭若重刊

提云何嚴淨一切佛刹云何承事一切如來云何修
行一切佛法時善財童子頂禮其足繞無數市殷勤
瞻仰辭退而去。

大方廣佛華嚴經疏鈔卷七十二 終

　　鰲巖門下誨寬頓禪同共募緣刊成此卷頌
　　我多生父毋現世師親毋助緣施主等永脫
　　坐網於沙波累劫之輪迴頓訂法界於善財
　　一生之極界　　校對　景賢　永玩
　　都監　瑞玲　　別座　性元
乾隆三十九年申午夏頭異山臺嵒庵自臧室交人比士卷開刊

76. 大方廣佛華嚴經疏鈔(卷65-66)

분류		經疏_중국찬술
제목사항	권수제	大方廣佛華嚴經疏鈔
	판심제	華嚴疏鈔
발행사항		內院精舍, 1774年(英祖 50)
찬술사항		實叉難陀(唐) 譯; 澄觀(唐) 撰述; 葉祺胤(明) 會編
판형사항		木板本, 2卷1冊(全80卷 中 卷65-66) 四周雙邊, 半郭 20.7×14.0cm, 有界, 10行20字, 上下向花紋魚尾; 29.0×19.2cm
기록사항	서문	無
	발문	無
	간기	卷66末: 乾隆三十九年甲午(1774)夏方丈山內院精舍重刊
	간행질	〈卷65末〉 化主 達性 校正 選珪 有伯 采玩
		〈卷66末〉 尼志呑 信海 妙明 金夢朱 金氏 金貴成 徐漢厚 化主 達性 校正 選珪 有伯 采玩 都監 瑞玲 別座 性遠 供養 法海 錦宇 在敏 快仁
문헌정보 및 사진		중앙승가대 도서관

髻者總攝諸亂居心頂故定含明智加以寶名以

喻顯法名法寶髻。

時善財童于歡喜踊躍恭敬尊重如弟子禮作如是

念由此居士護念於我今我得見一切智道不斷愛

念善知識見不壞尊重善知識心常能隨順善知識

教決定深信善知識語恒發深心事善知識頂禮其

足繞無量帀殷勤瞻仰辭退而去。

大方廣佛華嚴經疏鈔卷六十五 絲 一

化主 達性

校正選珏有伯乑玏

尼志春

信海　燊明

金學柰　金氏

金貴成

徐漢厚

化主　達性

校正　選瑎　有伯　采玩

都監　瑞玲　別座　性遠

供養　法海　錦守　在敏　怏仁

乾隆三十九年甲午夏方丈山內院精舍重刊

77. 大方廣佛華嚴經普賢行願品疏

분류		經疏_중국찬술
제목사항	권수제	大方廣佛華嚴經普賢行願品疏
	판심제	華嚴別行疏
발행사항		臺岩精舍, 1774年(英祖 50)
찬술사항		實叉難陀(唐) 譯; 澄觀(唐) 撰述; 明得(明) 校正; 葉祺胤(明) 會編
판형사항		木板本, 不分卷1冊 四周雙邊, 半郭 20.9×14.0cm, 有界, 10行20字, 上下向花紋魚尾; 29.0×19.2cm
기록사항	서문	無
	발문	無
	간기	乾隆三十九年甲午(1774)夏智異山臺岩蘭若重刊
	간행질	〈卷上末〉 比丘瑞玲伏爲 亡恩師性洽灵加 亡翁師忍藏灵加 亡父金汝淸灵加 亡母元氏次香灵加 亡弟比丘淨什灵加 與法界寃親沈淪 苦海一切受苦衆生發願捨財刊成此卷以此因緣先亡一切哀魂俱生淨土後還度苦海衆生 校對 体宇 景賢 采玭 〈卷下末〉 比丘瑞玲捨財刊成行願品一卷以此因緣與法界含灵同生淨刹校對 体宇 景賢 采玭
문헌정보		평창 지암정사

此隨學。無有窮盡念念相續無有間斷。身語意業無
有疲厭。

比丘瑞玲伏爲

亡恩師怔洽灵加　亡翁師恐蔵灵加

亡父金汝淸灵加　亡母元氏次香灵加

亡身比丘淨什灵加　与法界寃親沈淪

苦海一切受苦衆生發頷捨財刊成此

卷以此回緣先亡一切哀魂俱生淨土後遷

度苦海衆生

大方廣佛華嚴經普賢行願品疏一卷上

校對　侟守

景賢

釆玖

乾隆三十九年甲午夏智靈古臺岩蘭若重刊

斯要該九會文準前例說法之後尚闕現瑞及證

成等但案梵文足有始終 上來開章釋文竟

我佛昔於大劫海修行豈行為眾生證此難思解

脫門何幸得聞能讚演願此勝因皆上薦寶祚長

安帝道昌四恩百辟及含生同證玄門齊智海 上

慶讚廻向

比丘瑞玲捨財刊成行頌品一卷以此囬錄另

法界含灵同生淨刹

校對　侳宇　景賢　采珖

大方廣佛華嚴經入不思議解脫境界普賢行願品

78. 大方廣佛華嚴經疏鈔(卷52)

분류		經疏_중국찬술
제목사항	권수제	大方廣佛華嚴經疏鈔
	판심제	華嚴疏鈔
발행사항		實相寺, 1777年(正祖 1)
찬술사항		實叉難陀(唐) 譯; 澄觀(唐) 撰述; 葉祺胤(明) 會編
판형사항		木板本, 1卷1冊(全80卷 中 卷52) 四周雙邊, 半郭 20.8×14.0cm, 有界, 10行20字, 上下向黑魚; 29.0×19.3cm
기록사항	서문	無
	발문	無
	간기	卷52之2末: 乾隆四十二年丁酉(1777)二月初八日 始役於雲峯縣智 異山實相寺內院
	간행질	〈卷52之1末〉 實林寺 雙峯寺 雙溪寺 修仁寺 珍島雙溪寺 興國寺 開興寺 華嚴寺 無爲寺 萬興寺 師子庵 雲興寺 美黃寺 此等各寺以此善因同參功德崇 信佛法千秋長亨 大施秩 逸閑文四十兩 祐益文二十一兩 卓連文十二兩 林命必文三十 兩 位元文十兩 金氏老礼十兩 朴泰守十二兩 共迪九兩 法賢九兩 金重 燁文十五兩
		〈卷52之2末〉 緣化 校正 特聰 坦惠 都監 鏡㝛 誦呪首座 道性 首座 修益 持殿首座 就和 化主 獅峯 瑞玖 龍溪 觀日 處士 趙義成 泰誠 尼休旻 思豈 供司 別均 性玉 鍾頭 奉侃 別座 布仁 梵音 慧札 騰彦 辛秉 卽倘 來往 利珍 就弘 都刻 念玄 校正 奉玄 鍊板 志永 慕允
문헌정보 및 사진		팔공산 파계사

■사진

華嚴政金卷五十二　　　恩師米安

實林寺　萬興寺

雙峯寺　師子庵　此亦各寺以此善日同㲄功

雙溪寺　雲興寺　德崇信佛法千秋長亭

修仁寺　羡黃寺　位元文十兩

珎島雙溪寺　大施秩　金氏老永十兩

興國寺　逆閑文四兩　朴泰守十二兩

開興寺　祐蓋文二十兩　共迪九兩　共成

華嚴寺　卓連文十二兩　法賢九兩　伏道

釰爲寺　林侖少文三十兩　金重燁文十五兩

大方廣佛華嚴經疏鈔卷第五十二之一　終

主上三殿壽萬歲

佛日增輝民安樂

伏願

緣化

利板栴那隨喜信士

舍男舍女現存先亡　校正　特聰

普與四恩三有一切含　　　　坦惠

靈同生淨土等悟無生　都監　鏡鎬

乾隆四十二年丁酉二月初八日　誦呪首座　道性

始役於雲峯縣智異山實相寺內院　首座　修益

持殿首座 㐱和

化主獅峯 瑞玧

龍溪 觀日

別座布仁 處士趙義成

梵音慧和 泰誠

勝彥 尼体旻

都刻念玄 幸魚 思岂

校正奉玄 卯尙 供司 別均

錬板志永 来往利珎 性王

慕元 㐱弘 鍾頭 宗佩

79. 佛像功德因果說

분류		信仰_한국찬술
제목사항	권수제	佛像功德因果說
	판심제	無
발행사항		華嚴寺, 1777年(正祖 1)
찬술사항		미상
판형사항		木板本 四周雙邊, 半郭 20.0×14.5cm, 有界, 10行字數不定, 無魚尾; 22.8×17.5cm 국한문혼용
기록사항	서문	無
	발문	乾隆四十二年丁酉(1777)正月日伴■■■全羅道求禮縣華嚴寺留板
	간기	無
	간행질	時住持守彦 刻手通政普還 化主比丘玉泗
문헌정보 및 사진		고려대 도서관 개인

■ 사진

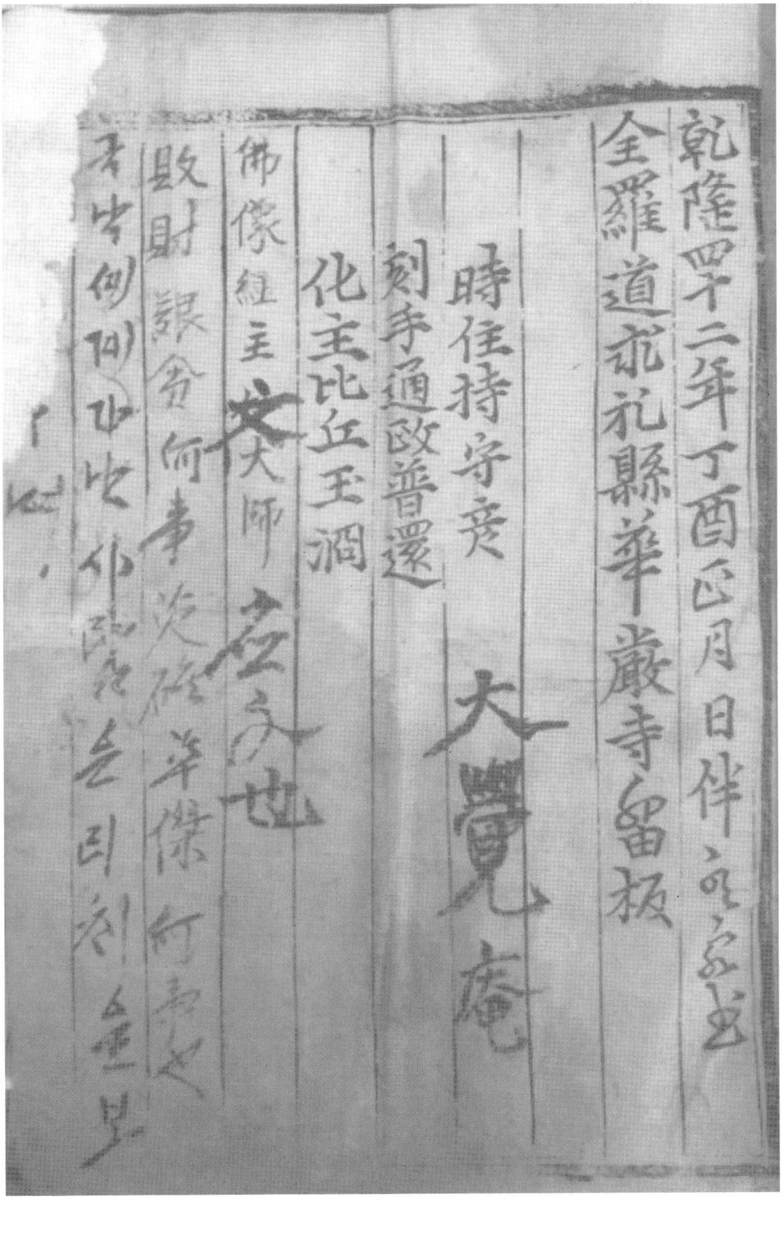
乾隆四十二年丁酉正月日併
全羅道求禮縣華嚴寺留板
時住持守彥
刻手通政普還
化主比丘玉泂
佛像組主

80. 高王觀世音經

분류		經藏
제목사항	권수제	高王觀世音經
	판심제	高王經
발행사항		華嚴寺, 1785(正祖 9)
찬술사항		미상
판형사항		木板本, 不分卷1冊 四周雙邊, 半郭 14.6×11.3m, 有界, 7行字, 上黑魚尾; 23.1×15.4cm
기록사항	서문	無
	발문	乙巳十月日晉陽西智異山靑岩寺開刊
	간기	無
	간행질	發願功德刻 僧震梅 片碩柱 亦願化主 碩德在眼 鍊板宗眼 供養主澗玄
문헌정보 및 사진		고려대 도서관 개인

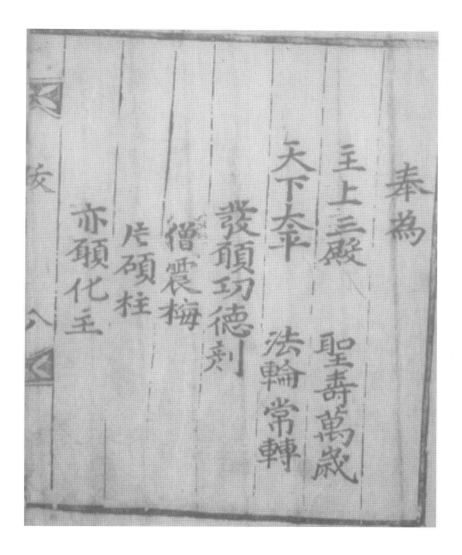

奉爲

王上三殿　聖壽萬歲

天下太平　法輪常轉

發頭功德剋

僧震梅

片碩柱

亦碩化主

後入

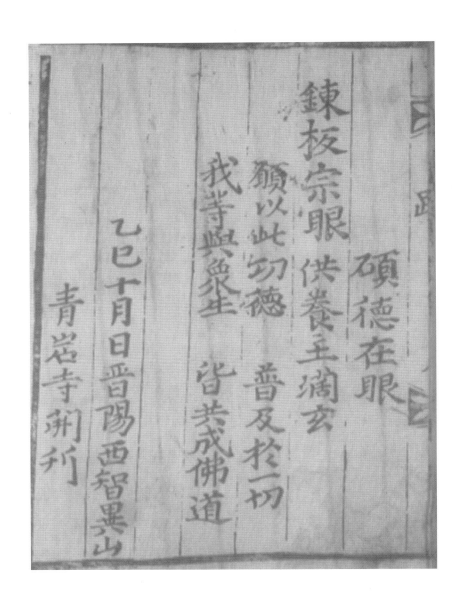

鍊板宗眼　碩德在眼

額以此切德

我等與衆生　皆共成佛道

供養主淵玄

普及於一切

乙巳十月日晉陽西智異山

青岩寺開刊

81. 梵網經盧舍那佛說心地法門品菩薩戒本, 四分律七聚大目抄

분류		戒律_중국찬술
제목사항	권수제	受菩薩戒儀
	판심제	受戒文 / 四分目抄
발행사항		碧松庵, 1797年(正祖 21)
찬술사항		慧思(陳) 撰
판형사항		木板本, 2編1冊 四周單邊, 半郭 21.2×16.3cm, 有界, 半葉 11行20字, 內向黑魚尾; 30.6×20.1cm 合刊: 四分律七聚大目抄[弗多耶舍(後秦) 譯; 弘贊(明) 繹]
기록사항	서문	梵網經菩薩戒序…大德二年(1298)七月望日前監察御史郭天錫盥手焚香謹序
		受菩薩戒法文幷序…延壽 集序
		注梵網經幷序…時紹聖三年歲次丙子(1096)季夏望日
		梵網經後序…歲嘉慶二年丁巳(1797)六月日海東後學蒙庵眹穎和南
	발문	無
	간기	嘉慶二年丁巳(1797)六月日慶尙右道咸陽碧松菴開刊移鎭于安義𧺝覺寺
	간행질	大施主秩 禪德比丘文益 日峰堂遇旻 華峯堂印悟 幼學金遇海兩主 碧波堂念賢 嘉善偉礼 嘉善比丘就奎 歔岩堂綵絹 華杏 再云 彰念比丘 比丘心贊 比丘信訓 比丘有沽 秋演 信雲 德封 明湜 普心 庚申生朴氏 比丘尼廣演 戊辰生趙氏 比丘署澄 取學 金利福 吳益起 金震一 比丘性宇 山中大禪師 蒙庵眹穎 鏡巖應允 九湖璿鎰 慧月沃印 中庵四咸 平山慶圓 中峰泰如 懶庵警愚 刻秩 韓邦喆 金與興 成天乙 吳国良 李聖泰 僧而倬 奉有 就棋 藏暎 取澄 宝札 頓有 金聖淂 金龍淂 裵尙淂 僧取洽 策守 華瑞 頓瑀 頓信 日祐 祐俠 普先 時演 和俊 仅朋 興淂 白㭐 化主 慧月沃印 別座 幸澄 供養主 佑仁 法察 鍊板 大輝
문헌정보 및 사진		고양시 원각사

■사진

大妃殿下壽萬歲

主上殿下壽萬歲

王妃殿下壽齊年

元子邸下壽千秋

國界安寧兵革消天下太平法輪轉願此開利經功德

普及一切諸衆生同生無量光佛刹俱成正覺還度生

大施主秋　　華峯堂仲悟　嘉善偉扎　華杏

禪德比丘文益　幼學金遇海兩主　嘉善比丘乾奎

日峰堂　遇旻　碧波堂念賢　訊岩堂綵絹　再云

比丘有沾　比丘暑澄　九渕璿鈺　成天乙　慧月沃印　吳国良

彰念比丘　庚申生朴氏　山中大禪師　刻秋

比丘心賢　比丘尼廣演　蒙庵暎頹　韓邪喆

比丘信訓戊辰生趙氏　鏡巖應允　金興興

秋演　取學

信雲　金利福　中庵四咸　李聖慕

德封　吳益起　平山慶圓　僧而偉

朋堤　金震一　中峰恭如　奉有

晋心　比丘性宇　懶庵警愚　就棋

化主慧月沃印　別座幸澄　供養主　法㝎　鍊板大輝

嘉慶二年丁巳六月日慶尚右道咸陽碧松菴開刊移鎮于吳義寺

82. 地藏菩薩本願經

분류		經藏
제목사항	권수제	地藏菩薩本願經
	판심제	地
발행사항		碧松庵, 1797年(正祖 21)
찬술사항		法燈(唐) 譯
판형사항		木板本, 3卷1冊 四周單邊, 半郭 17.4×13.6cm, 無界, 10行16字, 白口, 上下內向 2葉花紋黑魚尾; 27.2×18.5cm
기록사항	서문	地藏經序 歲嘉慶二年(1797)朝月日海東後學蒙庵晥穎和南
	발문	無
	간기	嘉慶二年丁巳(1797)六月日慶尙道咸陽碧松庵刊板移鎭于安義縣靈覺寺
	간행질	大施主秩 幼學金遇海兩主 禪德比丘文盇 嘉善比丘就奎 再云 偉礼 翫岩堂綵絹 碧波堂念賢 日峰堂遇旻 華峯堂印悟 鍊板大輝 華杏 彰念 心賛 信訓 助緣秩 鏡巖應允 中庵四咸 平山慶圓 懶庵警愚 刻秩 韓邦喆 金與興 比丘而倬 奉有 就棋 藏暎 李聖泰 比丘取澄 宝札 頓有 金聖得 僧取洽 金用淂 裵尙淂 僧策守 華瑞 頓瑀 頓信 日祐 祐俠 時演 和俊 儀朋 興得 白栖 化主 慧月沃印 別座 幸澄 華杏 供養主 法察 活恩 佑仁
문헌정보 및 사진		규장각한국학연구원

大施主秋　錬坂大輝　剳秋　比丘乗澄　頓信瑀

幼學金邇海兩主　華杏　韓邦喆　空札　頓信瑀

禪德比丘　文盂　彰念　金興奧　金聖得時演　頓宥佑佑侠佑

憙嘉善比丘　就奎　心賫　此丘而俘奉有　德就恰儀後　金用浮興得　襄尚浮白捌　僧策守朋

　　再芸　偉札　信訓

巚巖堂　緑翁　助縁秋　李聖太　藏䏈

碧波堂　念賢　鏡巖應允　化主慧月沃印

日峰堂　趨旲　平山慶圓　別座辛澄華杏　華瑞

華峰堂　印悟　頓庵警恩　供養主　法察沽恩　佑仁

嘉慶二年丁巳六月日慶尚道咸陽碧松庵刊扳移頒于安義縣靈覺寺

83. 鏡巖集

분류		文集_한국찬술
제목사항	권수제	鏡巖集
	판심제	鏡巖集
발행사항		碧松庵, 1804年(純祖 4)
찬술사항		應允(朝鮮) 著
판형사항		木板本, 3卷1冊 四周雙邊, 半郭 20.2×14.4cm, 10行20字, 註雙行, 內向2葉花紋 魚尾; 29.4×18.9cm
기록사항	서문	甲子(1804)暮春嘉善大夫原任司諫院行大司諫泗水睦萬中書
	발문	通訓大夫吏曹佐郎兼實錄記注官 完山李在璣跋
	간기	미상
	간행질	미상
문헌정보		지리산권문화연구단 자료총서07: 지리산권 불교자료1

84. 浮休堂大師集

분류		文集_한국찬술
제목사항	권수제	浮休堂大師集
	판심제	浮休
발행사항		華嚴寺, 1920年
찬술사항		善修(朝鮮) 著; 覺性(朝鮮)·熙玉(朝鮮) 共編
판형사항		木板本, 3卷1冊 四周雙邊, 半郭 20.9×15.5cm, 有界, 10行20字, 內向3葉花紋魚尾; 25.5×18.2cm
기록사항	서문	浮休堂集序⋯萬曆己未(1619)七月日 豊城後人磐桓子謹■
	발문	題重刊浮休集後⋯庚申(1920)七月五日
	간기	미상
	간행질	미상
문헌정보		동국대 도서관 지리산권문화연구단 자료총서07: 지리산권 불교자료1

제3부

기 타

기 타

―

1. 直註道德經

제목	直註道德經
발행사항	斷俗寺, 1527年(中宗 22)
찬술사항	德異(元) 註
판형사항	木板本, 1冊 四周單邊, 半郭 19.8×14.2cm, 有界, 11行22字, 大黑口, 上下內向黑魚尾; 29.6×18.0cm
간기	嘉靖丁亥(1527)日板留智異山斷俗寺
문헌정보	김민영 소장 불서 목록

2. 佛說廣本太歲經

제목	佛說廣本太歲經
발행사항	神興寺, 1549年(明宗 4)
간기	嘉靖二十八年己酉(1549)六月日慶尙道晉州地智異山神興寺留板
문헌정보	영광 불갑사

3. 大方廣圓覺修多羅了義經

제목	大方廣圓覺修多羅了義經
발행사항	神興寺, 1564年(明宗 19)
간기	嘉靖四十三年甲子(1564)六月日智異山神興寺開刊
문헌정보	보물 793호

4. 佛說長壽滅罪護諸童子陀羅尼經

제목	佛說長壽滅罪護諸童子陀羅尼經
발행사항	華嚴寺, 1699年(肅宗 25)
간기	康熙三十八年己卯(1699)五月日求禮大華嚴寺開刊
문헌정보	『眞珠莊藏朝鮮佛書目錄』

5. 月沙先生集辨誣奏

제목	佛說長壽滅罪護諸童子陀羅尼經
발행사항	智谷寺, 1804年(純祖 4)
간기	嘉慶九年甲子(1804)六月日山淸智谷寺重刊
문헌정보	장서각

6. 止軒集

제목	止軒集
발행사항	雙溪寺, 1874年(高宗 11)
간기	甲戌(1874)十月日河東雙溪寺開刊
문헌정보	원광대

7. 觀音靈課, 天罡時課

제목사항	권수제	觀音靈課
	판심제	觀音靈課 / 天罡時課
발행사항		華嚴寺, 연도미상
판형사항		木板本, 2編1冊 四周單邊, 半郭 17.3×13.4cm, 有界, 行字數不定, 黑魚尾; 23.4 ×16.6cm 合刊: 天罡時課
간기		求礼華嚴寺開刊
문헌정보		고양시 원각사

저자 약력

이종수(李鍾壽)

국립순천대학교 지리산권문화연구원 인문한국(HK)교수. 한국불교사 전공. 동국대 사학과 문학박사. 동국대 불교학술원 조교수 역임. 역서로는 『운봉선사심성론』(동국대출판부, 2011), 공저로는 『사지자료집-대흥사편 ①』(동국대출판부, 2014) 등이 있으며, 논문으로는 「숙종 7년 중국선박의 표착과 백암성총의 불서간행」, 「조선후기 불교 이력과목의 선정과 그 의미」, 「조선후기 가흥대장경의 복각」, 「조선후기 화엄학의 유행과 그 배경」, 「16-18세기 유학자의 지리산 유람과 승려 교류」 등 다수 있음.

지리산인문학대전07 기초자료07
지리산권 불서

초판 1쇄 발행   2016년 10월 31일

엮은이 ∣ 국립순천대 · 국립경상대 인문한국(HK) 지리산권문화연구단
지은이 ∣ 이종수
펴낸이 ∣ 윤관백
펴낸곳 ∣ 도서출판 **선인**

등록 ∣ 제5-77호(1998.11.4)
주소 ∣ 서울시 마포구 마포대로 4다길 4(마포동 324-1) 곳마루빌딩 1층
전화 ∣ 02)718-6252 / 6257
팩스 ∣ 02)718-6253
E-mail ∣ sunin72@chol.com
Homepage ∣ www.suninbook.com

정가   24,000원
ISBN   979-11-6068-005-8   94220
         978-89-5933-920-4   (세트)

· 이 책은 2007년 정부(교육과학기술부)의 재원으로 한국연구재단의 지원을 받
  아 수행된 연구임(KRF-2007-361-AM0015)

· 잘못된 책은 바꾸어 드립니다.